33 Geheimnisse, die Ihnen Ihre Bank zum Thema Geldanlage nicht verrät

AF140593

NORMAN ARGUBI

33 Geheimnisse, die Ihnen Ihre Bank zum Thema Geldanlage nicht verrät

... und wie Sie dennoch eine sinnvolle Geldanlage für sich finden.

Ein Ratgeber
  – klar
  – provokant
  – lösungsorientiert

Bibliografische Information der Deutschen Nationalbibliothek
Die Deutsche Nationalbibliothek verzeichnet diese Publikation in der
Deutschen Nationalbibliografie; detaillierte bibliografische Daten sind im
Internet über http://dnb.dnb.de abrufbar.

© 2016 Norman Argubi

Satz, Umschlaggestaltung, Herstellung und Verlag: BoD – Books on Demand
ISBN 978-3-7392-8324-1

Inhalt

Vorwort

Herzlich willkommen, liebe Leserinnen und Leser, zu unserem kleinen Ratgeber

„33 Geheimnisse, die Ihnen Ihre Bank zum Thema Geldanlage nicht verrät
...und wie Sie dennoch eine sinnvolle Geldanlage für sich finden.

Wir schreiben das Jahr 2016 und der Ausbruch der Finanzkrise ist mittlerweile acht Jahre her. Seitdem ist vieles passiert, aber leider nur weniges zum Guten des Bankkunden.

Dabei war es doch eigentlich das Ziel der Politik die Beratung der Menschen beim Thema Geldanlage nachhaltig zu verbessern, damit „so etwas nie wieder vorkommt". Diesen Satz haben wir auch schon in vielen anderen Zusammenhängen gehört und nicht immer besserten sich die Dinge. In Sachen Geldanlage ist die Verunsicherung eher größer als kleiner geworden.

So soll dieses Buch hier kein politisches Statement sein, vielmehr konkreter Ratgeber und Unterstützer bei der Frage, wie ich als Privatperson mein Geld gut anlege und gleichzeitig Fehler vermeide. Denn dies ist bei den meisten Menschen heute die erste Aufgabe, nämlich Fehler zu vermeiden, damit nicht am Ende das Geld schlicht weg ist.

Bei einem solchen Thema sind Fachkenntnis und Erfahrung ungemein wichtig. Sollten wir uns noch nicht persönlich kennen, stelle ich mich Ihnen kurz vor:

Norman Argubi, Jahrgang 1966, verheiratet und Vater von zwei fast erwachsenen Töchtern, Experte in Sachen private Geldanlage. Schon während meines Studiums der Rechtswissenschaften in Hamburg begann ich meine praktische Ausbildung als selbstständiger Makler und Anlageberater. Nach Abschluss des zweiten juristischen Staatsexamens widmete ich mich dann vollständig der privaten Anlageberatung und betreue heute eine große Anzahl von Kunden in Hamburg und Umgebung.

Neben der Tätigkeit als Anlageberater haben meine Frau, mit der ich unser Unternehmen gemeinsam führe, und ich uns immer weiter fortgebildet. So haben wir mehrere Ausbildungsgänge als Finanzwirt und Mastersonsultant in Finance erfolgreich abgeschlossen. Ich bin darüber hinaus seit vielen Jahren als Wirtschaftsjournalist für diverse Magazine und Zeitungen tätig und berichte darin über die Welt der Finanzen. In welcher Funktion auch immer, bleibt mein Standpunkt stets derselbe: Die Geldanlage muss sich für den Kunden rechnen – nicht für die Bank. Das ergibt häufig einen „anderen Blick" auf die Dinge. Und es hat dann auch Auswirkungen in der praktischen Beratung mit unseren Mandanten. Im Ergebnis heißt das häufig, anderer Meinung zu sein als alle anderen. Deshalb lesen Sie hier keinen Mainstream, nichts was Sie bereits aus diversen Fachzeitschriften kennen. Dieses Buch ist anders.

Soweit der Vorrede, legen wir los:

1. Einlagensicherungsfonds

Schlachten wir gleich eine „heilige Kuh": den Einlagensicherungsfonds.

Was ist der Einlagensicherungsfonds?

Der Fonds besteht seit 1998 und ist eine freiwillige Einrichtung
des Bundesverbandes deutscher Banken. Die ersten 100.000 Euro
Guthaben bei einer Bank werden anderweitig abgesichert, nämlich
durch die gesetzliche Sicherung der Entschädigungseinrichtung
deutscher Banken. Der Einlagensicherungsfonds gilt also nur für
höhere Beträge als 100.000 Euro.

Problematisch könnte sein, dass der Bankkunde im Falle einer
Bankeninsolvenz selbst gar keinen Rechtsanspruch auf Leistungen
des Einlagensicherungsfonds hat (z. B. BGH-Urteil vom 18.03.2008
XIZR454/06).

Den meisten Bundesbürgern ist dieses Instrument erst durch die
Finanzkrise bekannt geworden. Gerade die Verbraucherschützer
und Hermann-Josef Tenhagen, ehemaliger Chefredakteur der Zeit-
schrift Finanztest, haben nach der Lehman-Insolvenz jede Talkshow
im Deutschen Fernsehen dazu genutzt darauf hinzuweisen, dass
Sie als Kunde unbedingt darauf achten müssen, dass Ihre Bank Mitglied im Einlagensicherungsfonds ist. Nur dann sei Ihr Geld auch im
Falle einer Insolvenz der Bank bei Beträgen von über 100.000 Euro
wirklich abgesichert.

Somit ist die Aussage, dass Geld nur dann sicher sei, wenn Ihre Bank
Mitglied im Einlagensicherungsfonds ist, zwar irgendwie richtig und
gleichzeitig völliger Unsinn. Warum ist das so? Gemäß den Statuten
des Einlagensicherungsfonds, nachzulesen unter www.bankenver-
band.de, müssen die Banken einen Betrag von 0,6 Prozent ihrer

Einlagen als Umlage an den Einlagensicherungsfonds leisten. Bis zum Jahr 2014 erhielt jeder Bankkunde eine Sicherheit in Höhe von 30 Prozent des haftenden Eigenkapitals der jeweiligen Bank.

Die erste Auffälligkeit sind die neuen Regeln, die man still und heimlich aufstellte und die kein Verbraucherschützer bisher in einer Talkshow verbreitet hat, nämlich dass diese Sicherung zusammengestrichen wird. So gelten künftig folgende Grenzen: Bis zum 31.12.2019 werden noch 20 Prozent abgesichert, bis zum 31.12.2024 nur noch 15 Prozent und ab 1.1.2025 werden für jeden Kunden nur noch 8,75 Prozent des haftenden Eigenkapitals garantiert. Da darf man doch mal die Frage stellen, warum.

Aber selbst wenn man den ursprünglichen Wert von 30 Prozent betrachtet, muss man sich doch Folgendes fragen: Wenn der Einlagensicherungsfonds für jeden Kunden 30 Prozent des Eigenkapitals der Bank garantiert, was passiert, falls eine Bank mehr als vier reiche Kunden hat? Und noch eine Frage ist an dieser Stelle interessant: Nirgendwo findet man eine Angabe darüber, wie groß der Fonds überhaupt ist, das heißt, wie viel Geld hier vorhanden ist.

Dazu noch ein paar Zahlen: Laut der letzten Statistik aus dem Jahre 2012 betrug das Geldvermögen der privaten Haushalte über 4,9 Billionen Euro. Davon sind über 40 Prozent in Sparbüchern, Tagesgeld & Co deponiert. Das sind über zwei Billionen Euro. Glauben Sie allen Ernstes, dass auch nur ein Bruchteil von zwei Billionen Euro wirklich im Einlagensicherungsfonds liegt? Und wie wertvoll ist eine Garantieleistung, wenn der Garantiegeber das, was garantiert werden soll, gar nicht hat? Was ist eine solche Garantie aus Ihrer Sicht noch wert? Fragt man beim Bankenverband einmal nach, wie hoch das Kapital nun tatsächlich ist, erhält man die Antwort, dass diese Information „vertraulich" sei. Wie kann das sein? Es geht doch um das Sicherheitsgefühl der Menschen und um deren Vermögen.

Würde das Sicherheitsgefühl möglicherweise Schaden nehmen, wenn man wüsste, wie gering dieser Fonds nun tatsächlich mit Kapital ausgestattet ist? Ist das vielleicht der Grund?

Alternativ dazu stelle man sich vor, eine deutsche Versicherungsgesellschaft solle ein Risiko absichern. Die Gesellschaft muss genau darlegen, wie sie das Risiko beziffert und mit welchen Mitteln sie im Zweifel in der Lage ist, die Schadenszahlung vorzunehmen. Das Bundesaufsichtsamt würde es wohl kaum zulassen, wenn die Versicherung bei der Prüfung der Zahlungsfähigkeit schreiben würde, diese Angabe sei „vertraulich".

Es ist mir unbegreiflich, dass man auf der einen Seite immer wieder auf die Sicherheit des Einlagensicherungsfonds hinweist, ohne das mit einfachen Zahlen zu belegen, wie real diese Sicherheit ist. Die Regierung und die Verbraucherschützer haben in den Monaten nach der Lehman-Insolvenz ein solches Medienfeuerwerk abgeschossen, dass alleine der Begriff des Einlagensicherungsfonds jedem Anleger bekannt ist. Obwohl es diesen Einlagensicherungsfonds schon zehn Jahre gab, hatte zuvor nie ein Kunde davon Kenntnis genommen oder danach gefragt.

Das Problem ist also, dass nur mit der Einrichtung eines solchen Fonds noch keine Sicherheit geschaffen ist. Zunächst einmal muss Geld angesammelt werden. Das ist angesichts der relativ kurzen Zeit und angesichts der riesigen Summen an Kundeneinlagen bei deutschen Banken eine große Herausforderung. Vielleicht sind auch deswegen die Informationen zu den tatsächlichen Sicherheiten streng geheim.

Aber auch andere Aspekte spielen eine Rolle: Wir mussten in der Folge der Bankenkrise erleben, dass eine Kettenreaktion ausgelöst wurde. Schwankt ein Unternehmen, dann kommen die anderen ebenfalls sehr schnell ins Straucheln. Im Krisenfall wird es deswegen nicht ein einzelnes Institut geben, welches gerettet werden muss, sondern gleich eine große Anzahl. Das bedeutet, dass auch eine entsprechend große Geldmenge zur Verfügung gestellt werden muss.

Gehen wir also bestenfalls davon aus, dass der Einlagensicherungsfonds tatsächlich die gesamten 2 Billionen Euro an Vermögen hat und diese aufgrund mehrerer Bankeninsolvenzen auszahlen würde. Was würde Ihrer Meinung nach passieren? Nur mal zum Vergleich: 2 Billionen Euro sind das Volkseinkommen aller Menschen und Unternehmen der Bundesrepublik Deutschland im Jahr (Angaben des Statistischen Bundesamtes vom 25.08.2015). Können Sie sich vorstellen, dass dies eine Auswirkung auf die Preise hätte, wenn plötzlich derart viel Geld „auf den Markt" geworfen werden würde? Was könnten Sie sich dann von diesem Geld noch kaufen?

Das sind weder schöne noch angenehme Gedanken, mit denen ich Sie hier konfrontiere. Aber nur weil es nicht gut klingt, ist es noch lange nicht falsch.

Der Einlagensicherungsfonds ist eine gute Hilfe, wenn ein einzelnes Unternehmen wegen individueller Fehler in die Krise gerät. Dann können die umstehenden Banken helfen und den Kunden die Einlagen immer noch auszahlen. Geht es jedoch um gravierende Probleme des Systems, dann ist kein Fonds in der Lage, dies auszugleichen. Man muss sich dessen bewusst sein, um am Ende nicht vom schönen Schein geblendet zu werden.

Ich bin nicht der Meinung, dass das Bankensystem und damit Ihre gesamten Einlagen gefährdet sind und die Banken gerade kurz vor der Insolvenz stehen. Doch sollte man von der Idee abkommen, dass hier eine reale Sicherheit besteht. Diese ist nicht vorhanden. Als Versprechen schon, in der Realität jedoch leider nicht.

2. Sparbuch und Tagesgeldkonto

Das gute alte deutsche Sparbuch: Man dachte zur Jahrtausendwende schon, man könne es getrost abschaffen, weil jeder sich binnen kürzester Zeit selbst mit einer paar Aktienkäufen zum perfekten Geldstrategen entwickeln konnte. Beratung war scheinbar auch nicht relevant – und so hatten das gerade in Mode gekommene Internet und die neuen Online-Banken ihre ersten Erfolge.

Mit dem Zusammenbruch des Neuen Marktes und dem Absturz des DAX von 8000 Punkten auf etwas über 2300 saß der Frust bei den meisten Neuanlegern tief. Nachdem während der vorangegangenen Monate in jeder Bar abends die neuesten Börsentipps gehandelt wurden, hieß es dann „Bleib mir bloß weg mit Aktien" und es gab nur noch einen Fluchtinstinkt – in Richtung Sparbuch und Tagesgeldkonto. Und genauso verhielt es sich nach der Lehman-Pleite im Jahr 2008 und dem Beginn der Finanzkrise, auch hier stieg die Anzahl der Sparbücher rapide an.

Was passierte da? Im Frühjahr 2003 erfolgte zum ersten Mal seit Jahrzehnten wieder ein regelrechter Run auf die Sparbücher, während der DAX auf den Tiefststand von 2300 Punkten fiel. Viele Menschen wollten die berühmten letzten 10.000 Euro retten, die ihnen jetzt noch verblieben waren. So lösten viele ihre Depots auf und gaben das Geld bei der Bank oder Sparkasse ab. Dumm nur: Vier Jahre später waren aus den 10.000 Euro auf dem Sparbuch im besten Falle gerade mal knapp 11.000 Euro geworden. Hätte man das Geld beispielsweise in einen Fonds für Deutsche Aktien investiert, wären aus den 10.000 Euro bereits wieder rund 35.000 Euro geworden.

Für einen guten Anlageberater gibt es bestimmte Ausschlusskriterien, wenn es um die Auswahl guter Produkte geht. An erster Stelle steht das Problem einer sehr geringen Verzinsung. Aber das ist ja nur die eine problematische Seite von Sparbuch und Tagesgeldkonto. Ein anderer Nachteil – insbesondere des Sparbuchs – ist die geringe Flexibilität. Meist sind nur 3000 Euro frei verfügbar, jeder höhere Betrag hat eine Kündigungsfrist von drei Monaten. Dabei ist es heute sicherlich schon skurril, einen solchen Vertrag aus dem letzten Jahrtausend abzuschließen. Als Kinder haben wir noch stolz unser Sparbuch gehütet, um es am Weltspartag mit ein wenig zusammengespartem Geld zur Bank zu tragen und dann inklusive Zinseintrag auf den neuesten Stand zu bringen. Heute wird selbst dies online und mit einer Scheckkarte abgewickelt.

Aber zurück zum Inhalt: Wenn Sie heute bei Google den Begriff „Tagesgeldkonto" eingeben, dann werden Ihnen rund 630.000 Treffer angezeigt. Davon ist das Meiste Werbung oder es sind Vergleichsseiten wie „Finden Sie die besten Tagesgeldkonditionen!".

Diese Angebote enthalten oft diverse Mängel. Da gilt das Angebot häufig nur noch zwei Wochen, während Sie ihr Geld vielleicht erst in drei Wochen frei bekommen, um es dann einzahlen zu können. Die genannten Zinsen sind meist nur für drei Monate garantiert und danach deutlich niedriger. Die Konditionen gelten zudem häufig nur für einen Betrag von 10.000 Euro, danach fallen die Konditionen teilweise um bis zu 90 Prozent. Oder die schlimmste aller Varianten, nämlich Koppelgeschäfte. Dann erhalten Sie einen um bis zu 2 Prozent höheren Tagesgeldzinssatz, wenn Sie einen mindestens gleich hohen Betrag in einen Investmentfonds investieren, für den Sie erst einmal 5 Prozent Ausgabe-Aufschlag zahlen müssen. Da können Sie sich die Zinsen auch gleich selbst auszahlen, das wird billiger.

Natürlich haben insbesondere die Tagesgeldkonten eine Daseinsberechtigung. Sie bieten einen Zins und eine hohe Verfügbarkeit.

Sie sollten jedoch nur die notwendigen Reserven hier parken. Solche Klassiker wie eine größere Autoreparatur bei gleichzeitigem Ersatz der Waschmaschine, die immer im falschen Moment kaputt geht. Beträge, die hierfür notwendig sind, die sollten Sie auf diese Art und Weise in Reserve haben. Das sind je nach Einkommen und eigenem Sicherheitsgefühl vielleicht Beträge von 5000 Euro bis 10.000 Euro.

Ich bin immer wieder erstaunt, dass auch wir Anfragen nach Tagesgeldkonditionen bekommen. Die Menschen vergleichen die Zinssätze für Tagesgeldkonten tatsächlich sehr intensiv, was man auch an den vielen Vergleichsportalen erkennen kann. Haben Sie sich einmal gefragt, wie wichtig eigentlich eine solche Information ist? Wenn Sie heute ein Angebot erhalten für ein neues Konto mit 0,5 Prozent Zinsen anstatt 0,2 Prozent, die Sie auf Ihrem aktuellen Konto erhalten, dann klingt das sehr verlockend. Viele sind dann bereit, das Konto zu wechseln, wenn auch die Bank im Einlagensicherungsfonds ist. Aber ab wann lohnt es sich wirklich?

Wenn auf Ihrem Tagesgeldkonto 25.000 Euro liegen, dann erhalten Sie bei 0,2 Prozent 50 Euro Zinsen im Jahr. Bei einem Zins von 0,5 Prozent sind es hingegen schon 125 Euro. Haben Sie Ihren Freibetrag bereits ausgeschöpft, beträgt die Differenz nach Steuern gerade mal 55,20 Euro im Jahr. Im Monat also 4,60 Euro. Dabei ist die Differenz von 0,3 Prozent im Beispiel schon sehr hoch. Dafür verwenden einige jedoch Stunden am Computer, um alle Vergleiche zu erfassen, füllen Formulare aus, gehen zur Post, weil sie sich mittels Post-ID bei dem neuen Institut identifizieren müssen. Sie müssen das alte Konto kündigen, werden dabei vielleicht noch mehrfach von einem Call-Center angerufen, dass Sie zur Kündigungsrücknahme bewegen will und so weiter. Steht dieser Aufwand wirklich im richtigen Verhältnis zu dem Ertrag?

Je größer Ihr Vermögen ist, desto eher müssen Sie natürlich auf jeden 0,1 Prozentpunkt achten. Aus diesem Grund empfehle ich nur die oben genannten Beträge auf diese Art und Weise als Reserve zu parken. Größere Summen benötigen andere Alternativen.

3. Überraschung: Es gibt noch Zinsen!

Im November 2014 meldeten die ersten Banken sogenannte Negativzinsen für Sparguthaben. Kunden, die mehr als 500.000 Euro auf dem Konto haben, müssen für die Hinterlegung des Geldes Gebühren bezahlen, anstatt Zinsen zu erhalten.

Auch die Fondsgesellschaften zahlen mittlerweile für ihre Guthaben. Man muss sich das einmal vorstellen, wie sich das auf einen Fonds mit einem Volumen von 5 Mrd. Euro auswirkt, der 15 Prozent als sogenannte Cash-Quote hält. Da gehen plötzlich tausende Euro als Gebühren an die Bank, anstelle einer Auszahlung von Zinsen. Eine völlig neue Welt.

Gleichzeitig gilt der Satz aus der Überschrift dieses Kapitels: Ja, es gibt noch Zinsen – nur nicht bei der Bank. Um dies zu verstehen, muss man sich die wirtschaftlichen Zusammenhänge vor Augen führen. Der Wirtschaftskreislauf funktioniert, vereinfacht dargestellt, wie folgt: Menschen geben der Bank das Geld, diese vergibt Darlehen an die Wirtschaft, diese wiederum stellt – dadurch finanziert – Produkte her und verkauft diese, wodurch Menschen beschäftigt werden, Einkommen beziehen und Steuern zahlen können. Die Unternehmen zahlen Zinsen an die Bank und diese zahlt Zinsen an die Kunden aus, die zuvor das Geld investiert haben.

Nun ist es so, dass nach der großen Finanzkrise 2008/2009 die Unternehmen weltweit wieder gutes Geld verdienen. Die Banken, die das Geld vergeben, verdienen auch alle wieder gut. Nur der einfache Kunde bekommt vom großen Kuchen im Moment einfach nichts mehr ab. Die EZB (Europäische Zentralbank) flutet die Märkte mit Geld, was zur weiteren Absenkung des Zinsniveaus führt. Davon profitieren in erster Linie die Staaten, die die größten Schuldner von allen sind.

Aber es sind die vielen kleinen Geldanleger und Sparer, die der Bank das Geld leihen, die dieses Geld wiederum weiterverleihen kann. Und ausgerechnet diejenigen, die als Basis für den finanziellen Erfolg dienen, ausgerechnet diejenigen werden als letztes Glied in der Kette schlechter gestellt. Das ist zutiefst ungerecht.

Man stelle sich folgende Situation vor: Die Bank erhält von vielen verschiedenen Kunden insgesamt 100.000 Euro, wofür sie diesen je 1 Prozent Zinsen verspricht. Dieses Geld kann sie jetzt in Form eines Kredits an ein Unternehmen weitergeben. Dafür erhält die Bank 4 Prozent Zinsen.

Frage: Wie hoch ist der prozentuale Ertrag der Bank hier? Die meisten sagen im Beratungsgespräch sofort: 3 Prozent. Leider ist das falsch. Denn das eine Prozent Zins ist für die Bank ein Einkaufspreis und die 4 Prozent sind ein Verkaufspreis für das Geld. Das Geld ist die Ware, die hier mit den Zinsen bezahlt wird. Wenn ein Lebensmittelladen etwas für 1 Euro einkauft, um es dann für 4 Euro weiterzuverkaufen, dann ist der Ertrag 3 Euro, aber dies sind keine 3 Prozent. Die Mathematiker unter Ihnen haben es schon ausgerechnet: Es ist ein Aufschlag von 300 Prozent! Der Ertrag für die Bank hat sich vervierfacht.

Was ändert sich für die Bank, wenn diese Ihnen mitteilt, dass sie den Zins aufgrund des allgemeinen Markttrends auf 0,5 Prozent absenken müsse? Der Ertrag steigt nun (von 0,5 Prozent auf 4 Prozent) auf das Achtfache des Einsatzes! Die Bank kalkuliert somit eine Gewinnspanne von 700 Prozent! Übrigens aus Ihrem Geld.

Wir wollen hier die Banken nicht generell schlecht machen. Banken müssen Geld verdienen und das auskömmlich. Denn wenn sie es nicht tun, leiden alle darunter – das haben wir während der Finanzkrise deutlich erlebt. Nur darf man dabei aus unserer Sicht die Menschen nicht vergessen. Die Menschen, die als „kleine" Kunden der Bank das Geld zur Verfügung stellen, welches diese nutzt, um ihre Geschäfte zu machen. Und es geht aus unserer Sicht nicht an, dass ausgerechnet diese Kunden derart von dem Ertrag, der durch ihr Geld erwirtschaftet wird, ausgeschlossen werden. Das haben sie nicht verdient.

Der Punkt ist ja der: Das Geld *wird* verdient. Auch heute noch. Die Unternehmen und Banken auf dieser Erde verdienen alle wieder gutes Geld. Und das ist doch auch gut, schließlich können nur so die deutlich gestiegenen Gehälter, die wir zuletzt sehen konnten, auch bezahlt werden. Es darf nur aus unserer Sicht nicht sein, dass allein Banken und Unternehmen Geld verdienen und ausgerechnet diejenigen, die ihnen das Geld dafür zur Verfügung stellen, davon nichts mehr haben.

So ist es keine Zauberei, wenn man heute Geldanlagen präsentiert, die einen Zins von 4 Prozent oder 6 Prozent p. a. auszahlen. Denn das verdiente Geld in den Unternehmen ist nicht weniger geworden, nur weil die EZB vielleicht den Zinssatz senkt, mit dem weder Unternehmen noch Privatpersonen überhaupt etwas zu tun haben. Der durchschnittliche Ertrag in den Unternehmen auf der Welt ist heute nach wie vor der gleiche wie noch vor 10 oder 20 Jahren. Glauben Sie denn, wenn der selbstständige Dachdecker früher 50.000 Euro verdient hat, dass dieser heute nur noch 10.000 Euro verdient, nur weil die Zinsen von 5 Prozent jetzt auf 1 Prozent gesunken sind?

Der Ertrag bei den Unternehmen ist nach wie vor im Schnitt gleich. Der Zins, den diese für Darlehen zu bezahlen haben, ist deutlich gesunken. Da bleibt sogar mehr Geld übrig. Die Bank kann, wie oben beschrieben, mit ganz kleinen Zinssenkungen ebenfalls ihren Ertrag massiv erhöhen. Und immer noch fragen mich fast täglich Menschen, warum die Banken denn nicht höhere Zinsen anbieten, da sie es doch könnten. Die Antwort lautet schlicht: Weil sie es nicht müssen.

Die Menschen sind selbst daran schuld. Solange Menschen den Banken das Geld derart hinterhertragen oder gar nachwerfen, wie es in den letzten Jahren der Fall war, solange muss man sich auch nicht wundern, dass die Banken keinerlei Motivation haben, an dieser Situation etwas zu verändern. Würden sie den Zins im obigen Beispiel noch auf 0,25 Prozent absenken, würde die Gewinnmarge sogar auf 1500 Prozent p. a steigen. Und da fragen manche Leute noch, warum die Bank den Zins nicht einfach mal anhebt ...

Erst wenn eine große Anzahl von Kunden zur Bank gehen würde, um ihr Geld abzuheben, würden sich die ersten Banken Gedanken machen. Denn wie gesagt, das Geld ist da. Es wird verdient. Es ist nur die Frage, wer davon einen Anteil abbekommt. Im heutigen Banksystem bedeuten die niedrigen Zinsen das die Unternehmen einen Vorteil aufgrund günstiger Kreditzinsen haben, während die Bank ihren Gewinn in jeder Situation machen kann. Die Anlagekunden gehen hingegen leer aus.

Wenn Sie heute Geld zur Verfügung haben und es anlegen wollen, dann sollten Sie nach Lösungen suchen, die nachvollziehbar und ertragreich sind. Davon gibt es nicht unendlich viele, aber doch noch eine ganze Reihe. Wahrscheinlich werden Ihnen diese aber nicht an einem Bankschalter angeboten, da die Mitarbeiter hier ganz andere Vorgaben zu erfüllen haben. Entweder Sie finden sie selbst, oder Sie fragen einen unabhängigen Anlageberater, oder wie es neuerdings heißt, einen Finanzanlagen-Fachmann. Dieser verhilft Ihnen zu mehr Möglichkeiten, denn Sie haben sich Ihre Zinsen redlich verdient.

4. Bausparen

Dies ist eine ebenso beliebte wie lukrative Form der Geldanlage. Fragt sich nur, für wen sie wirklich lukrativ ist. Bausparen ist von seinem Ursprung her eine Art genossenschaftliche Finanzierung. Man kann Geld ansparen, später erhält man dann ein günstiges Darlehen, man kann dabei die Raten flexibel handhaben und das Ganze ist absolut sicher. Sowohl in der Ansparphase als auch in der Darlehensphase, denn die Bausparkasse garantiert einem heute auf Wunsch schon einen Darlehenszins für die nächsten 20 oder 30 Jahre. Insbesondere die Sparkassen verkaufen heute kaum noch eine Anlageberatung oder auch eine Baufinanzierung, ohne zumindest das Wort „Bausparen" in den Mund zu nehmen. Bei so viel glasklaren Vorteilen muss man sich ja schon die Frage stellen, warum es überhaupt noch andere Formen der Anlage und des Darlehens gibt. Warum gibt es überhaupt noch Hypothekendarlehen? Schließlich sind hier die Laufzeiten und somit die Zinsbindung geringer, die Zinsen höher – und so flexibel wie ein Bauspardarlehen ist auch kaum eine Bank. Die Sache muss einen Haken haben, nur wo ist der zu suchen?

Die Tücken liegen wie so häufig im Detail. Da ist zum einen das System der Bewertungszahlen. Diese bestimmen, wann Sie Geld aus Ihrem Vertrag als Darlehen erhalten können. Dabei geben die Bausparkassen jeweils an, wann man mit der Zuteilung des Vertrages rechnen kann. Das Problem ist, dass diese Angabe ungenau ist. Tatsächlich ist es den Bausparkassen sogar gesetzlich untersagt, den Zeitpunkt der Zuteilung festzulegen. Daraus folgt: Wenn Sie einen Bausparvertrag abschließen, um in ein paar Jahren ein Haus zu kaufen, stimmt der Zeitpunkt, zu dem Sie das ideale Haus finden, so gut wie nie mit dem Zuteilungszeitpunkt des Bausparvertrags überein. Verpassen Sie den Zuteilungszeitpunkt, bleibt dieser Status aber auch nicht bestehen, sondern er verfällt nach kurzer Zeit wieder. Sie müssen also immer wieder erneut einen Antrag auf Zuteilung stellen. In der Regel dauert es dann drei bis sechs Monate, je nach Gesellschaft und nach Tarif. Zur Überbrückung benötigen Sie schlimmstenfalls eine deutlich teurere Zwischenfinanzierung.

Der Hauptkritikpunkt ist aber ein ganz anderer, sehr konkreter: Ein Bausparvertrag besteht aus zwei Teilen. Da ist zum einen ein Sparvertrag. Zum anderen folgt später ein Darlehen. In den vergangenen Jahren haben sich die Tarife der Bausparkassen deutlich verändert. Früher gab es Tarife, bei denen man zwischen 2,5 Prozent und 4 Prozent Guthabenverzinsung erhielt und dafür mindestens 5,5 Prozent Darlehenszinsen zahlen musste. Die neuen Tarife bieten zwischen 1,99 Prozent und 3,5 Prozent Darlehenszins. Die Guthabenzinsen liegen zumeist bei 0,5 Prozent.

Ist nun ein aktueller Tarif mit einem Darlehenszins von 1,99 Prozent tatsächlich so viel günstiger als ein alter Vertrag mit einem Darlehenszins von 5,5 Prozent? Was die reine Zinszahlung angeht, auf jeden Fall – nicht aber in Bezug auf die Gesamtbetrachtung der Kosten.

Im Folgenden versuche ich, dieses Phänomen klar und transparent darzustellen. Der klassische Bausparvertrag sieht vor, dass man 50 Prozent anspart und die anderen 50 Prozent als Darlehen bekommt. Die Summe des Darlehens ist also genauso groß wie die des selbst angesparten Guthabens.

Konkret in Zahlen bedeutet das: Bei einem Bausparvertrag mit einem Wert von 100.000 Euro gibt es ein Konto, auf das Sie selbst 50.000 Euro einzahlen oder ansparen, auf dem anderen Konto erhalten Sie weitere 50.000 Euro. Für das selbst angesparte Geld bekommen Sie 0,5 Prozent Guthabenverzinsung. Das ist zwar nicht viel, klingt aber angesichts der allgemeinen Zinslage noch ganz passabel.

Beleuchten wir nun die Darlehensseite – im besten Fall mit 1,99 Prozent Darlehenszins. Das klingt natürlich fantastisch, zumal dieser für die gesamte Zeit garantiert wird. Der Einfachheit halber rechnen wir mit 2 Prozent. Die Frage, die es zu stellen gilt, lautet: Wie viel verdient die Bausparkasse an diesem Vertrag? Die meisten rechnen das im Kopf aus und kommen auf 1,5 Prozent Gewinn für die Bausparkasse, also 2 Prozent Zins minus 0,5 Prozent Guthabenverzinsung.

Mal ganz ehrlich: Glauben Sie, dass irgendein Finanzinstitut von 1,5 Prozent Gewinn leben kann? Nein? Also, wo ist der Haken?

Prozentrechnung ist wirklich gemein, man vertut sich dabei sehr schnell. Und meistens ist es anders, als es scheint. Wer eben schon den Abschnitt „Sparbuch" gelesen hat, kennt die Berechnung. So auch hier: Für die Bausparkasse ist Geld eine Ware. Die wird wie in jedem Supermarkt gekauft und verkauft. Die 50.000 Euro, die Sie selbst ansparen, kauft die Bausparkasse sozusagen ein. Dafür muss die Bausparkasse bezahlen, in diesem Fall 0,5 Prozent. Sie kauft also die 50.000 Euro für 0,5 Prozent des Betrags ein.

Im zweiten Schritt *verkauft* die Bausparkasse Ihnen aber auch 50.000 Euro. Jetzt allerdings für 2 Prozent. Wenn ein Supermarkt eine Ware für 0,5 Euro einkauft und dieselbe Ware später für 2 Euro verkauft, liegt die Gewinnspanne bei 1,5 Euro, aber nicht bei 1,5 Prozent.

Nein, die Bank oder Bausparkasse verkauft die Ware für das Vierfache. Damit erzielt die Bausparkasse eine Gewinnmarge von 300 Prozent. Das klingt doch schon viel besser als ein Gewinn von

1,5 Prozent, oder? Jedenfalls besser für die Bausparkasse. Kennen Sie einen Einzelhändler oder andere Selbständige, die mit einem derartigen Aufschlag kalkulieren können? Selbst Modeboutiquen, die bei manchen Produkten ähnliche Margen haben, können das nicht immer durchsetzen. Einen Teil der Ware geben sie dann mit deutlichen Abschlägen im Sommer- oder Winterschlussverkauf an den Markt. Einen Schlussverkauf mit geringeren Margen gibt es bei der Bausparkasse nicht.

Und die anderen Tarife? Die LBS bietet zum Beispiel gerade einen flexiblen Tarif namens „LBS Vita" an. Wer möchte beim Sparen schon auf Flexibilität verzichten? Hier bekommen Sie ebenfalls 0,5 Prozent Guthabenzinsen, allerdings ist der Darlehenszins mit 3,75 Prozent deutlich höher, er liegt effektiv sogar bei 4,12 Prozent. Selbst unter Einrechnung des Bonus, den Sie unter bestimmten Voraussetzungen bekommen, bleibt der Gewinn in ähnlicher Höhe. Wer zur LBS geht und einen konkreten Finanzierungswunsch hat, der ist im Tarif „LBS Classic Format" richtig gut aufgehoben. Auch hier ist die Guthabenverzinsung mit 0,5 Prozent bescheiden, dafür schlägt der Darlehenszins mit 3,25 Prozent zu Buche. Wir errechnen also eine Gewinnmarge von sage und schreibe 550 Prozent. Als Gegenleistung ist die Bausparkasse allerdings so nett und verzichtet während der Darlehenslaufzeit auf 12 Euro Kontoführungsgebühr pro Jahr.

Das absolute TOP-Beispiel kommt allerdings aus der neuesten Kooperation der Deutschen Bank mit der BHW. Diese haben jetzt einen Tarif mit der Bezeichnung „FI2" auf den Markt gebracht. Die Guthabenverzinsung beträgt unglaubliche 0,1 Prozent, während es im Gegenzug einen günstigen Zins von 2,35 Prozent gibt. Jetzt, wo Sie die Berechnungsgrundlagen kennen, können Sie sich selbst von einem fantastischen Aufschlag in Höhe von 2250 Prozent für die Bausparkasse überzeugen. Weil das noch nicht genug ist, nimmt man dem Kunden auch gleich noch eine erhöhte Abschlussgebühr von 1,6 Prozent ab. All das zusammen führt dann dazu, dass der Kunde, der so sein Haus finanzieren möchte und nach 14 Jahren des Sparens darauf wartet, dass sein Vertrag zuteilungsreif wird, feststellen muss, dass sein Guthaben wegen der Gebühren und Steuern geringer ist als das, was er eingezahlt hat. Diese Zahlen werden dem Kunden übrigens auch garantiert.

Nun höre ich schon die Stimmen, die sagen: „Ja, aber dafür habe ich doch bei der Bausparkasse die Sicherheit, dass auch der Zins später garantiert ist." Das ist wahr. Nur gehen Sie doch einfach mal davon aus, dass Ihnen niemand etwas schenkt, nicht mal eine Bausparkasse.

Sie erkaufen sich schlicht diese Garantie. Die bezahlen Sie mit den verlorenen Guthabenzinsen. Vergleichen Sie dies nur mal mit einer deutschen Lebensversicherung als Geldanlage. Die ist zwar keine Ausgeburt an hoher Rendite, aber dafür ebenso sicher. Selbst in heutigen Krisenzeiten erzielen die deutschen Lebensversicherer bescheidene 3,5 bis 4 Prozent Verzinsung. Wenn Sie nun überlegen, die Summe der Sparbeiträge statt an die Bausparkasse an eine Versicherung zu zahlen, dann erhalten Sie 3,5 Prozent statt 0,5 Prozent im Jahr. Sie erhalten also 3 Prozent mehr oder – anders gesagt – Sie verlieren mit dem Bausparvertrag diese 3 Prozent im Jahr. Das ist der Preis für die Sicherheit.

Im Umkehrschluss bedeutet das, dass Sie auf den garantierten Darlehenszins der Bausparkasse diese 3 Prozent im Grunde genommen obendrauf packen müssen. Liegt der Darlehenszins etwa wie bei unserem LBS-Beispiel bei 3,25 Prozent, dann haben Sie insgesamt schon 6,25 Prozent bezahlt. Der Bausparvertrag lohnt sich somit, wenn die Bauzinsen zum Zuteilungszeitpunkt über 6,25 Prozent liegen. Dann erst haben Sie gewonnen. Solange die

Zinsen unterhalb dieser Marke von 6,25 Prozent liegen, hat die Bausparkasse gewonnen.

Sie sehen, man kann nicht sagen, dass ein Bausparvertrag immer schlecht ist, genauso wenig, wie man behaupten darf, er sei immer gut. Es kommt auf die Konditionen an. In den meisten Fällen jedoch gewinnt – wie im Spielcasino – die Bank oder eben die Bauspar-kasse.

5. ETFs

Liest man die letzten Berichte über Geldanlagen und Fonds von der Stiftung Warentest, so taucht ein neuer Begriff immer wieder auf, nämlich „ETFs". Was steckt dahinter?

ETFs, Exchange Traded Funds, sind börsengehandelte Investmentfonds. Der Unterschied zu einem klassischen Investmentfonds ist vor allem der, dass diese passiv sind. Bei den ETFs gibt es keinen Fondsmanager, der agiert. Man kauft nur „den Markt" und schaut, was daraus wird.

Die Preisbildung macht einen weiteren Unterschied aus: Diese läuft nicht wie bei den Investmentfonds über die Fondsgesellschaft, sondern wird durch Angebot und Nachfrage von sogenannten Market Makern gesteuert.

Ein großer Vorteil sind die Kosten, denn hier gibt es keine Ausgabe-Aufschläge von 5 Prozent, sondern nur geringe Kosten. Ebenso entfallen die Verwaltungskosten, die hauptsächlich das Fondsmanagement finanzieren sollen. Aber auch bei den ETFs entstehen Gebühren, so zum Beispiel Transaktionsgebühren, Orderprovisionen oder die Geld-Briefspanne, im Fachjargon „Spread" genannt. Aber selbst dieses Kostenargument schlägt beim Profi nicht wirklich durch, wenn man es geschickt anstellt.

Auch bei klassischen Investmentfonds gibt es Möglichkeiten, Kosten zu sparen. Da gibt es zum einen natürlich die Online-Banken. Hier können Sie diverse Fonds ohne Ausgabe-Aufschlag kaufen, in dem diese schlicht vollständig rabattiert werden. Oder Sie nutzen die Chance und schließen eine sogenannte Fondspolice oder fondsgebundene Rentenversicherung ab. Bei guten Gesellschaften können

Sie sich dann aus einer Auswahl von über 200 Fonds die schönsten aussuchen – und kaufen alle Fonds ohne Ausgabe-Aufschlag. Zum dritten gibt es die Möglichkeit, sich an professionelle Anlageberater zu wenden. Diese bieten häufig sehr spezielle Lösungen, die am Ende deutlich günstiger sind und zudem einen echten Mehrwert schaffen. So können die Kunden bei uns im Unternehmen exklusiv das Chart-Check-Depot nutzen. Man kann hier Investmentfonds jeder Gesellschaft komplett kostenfrei tauschen. Dabei werden sie professionell beraten und bei der Fondsauswahl unterstützt. Zudem wird jeder Fonds jedes Kunden einmal pro Woche kontrolliert und das Ergebnis allen Kunden wöchentlich mitgeteilt. Einzelheiten hierzu finden Sie unter www.chart-check-depot.de

Zurück zu den ETFs: Der Vorteil der Kosten macht sich nur bemerkbar, wenn man als Alternative die teuerste Lösung wählt. Vergleicht man es mit Anlagen, bei denen man einen Fonds kostenlos tauschen kann, dann relativiert sich das sehr schnell. Und am Ende kann der ETF mit den Transaktionskosten sogar teurer sein als der klassische Investmentfonds.

Aus meiner Sicht viel problematischer ist es jedoch, dass die Bankenwelt schon wieder die gleichen Fehler macht wie seinerzeit mit den Zertifikaten. Es gibt bereits viel zu viele Varianten, die zumeist nicht mal die Banker auseinanderhalten können.

Das sind zum Beispiel ETFs, die nach der Full-Replication-Methode arbeiten. Andere nutzen die Sampling-Methode oder die synthetische Index-Nachbildung, die Swap-Geschäfte nutzen. Sie verstehen nur Bahnhof? Das macht an dieser Stelle nichts, denn ich will nur aufzeigen, dass es eben nicht „ganz einfach" ist, ein ETF zu kaufen. Es ergeben sich vielfältige und noch mehr Risiken, als dies sonst der Fall wäre. Dies im Einzelnen zu erläutern, würde hier deutlich den Rahmen sprengen.

Machen Sie sich aber doch mal den Spaß – gehen Sie in eine Bank und erzählen Sie, Sie würden sich für eine Geldanlage in ETFs interessieren. Und fragen Sie einfach mal nach, inwieweit man Ihnen in der Bank die oben beschriebenen Unterschiede erläutern kann und in welche Kategorie der Ihnen gerade zum Kauf angebotene ETF denn fallen würde. Die Chance, dass jetzt nur noch „heiße Luft" kommt, ist relativ groß.

6. Zertifikate

Dasselbe Phänomen wie aktuell bei den ETFs konnte man bis 2008 schon bei den Zertifikaten erkennen. Die ersten waren solide aufgebaut. Danach wurden die Konstruktionen immer kurioser und verwirrender. Das größte Manko bestand allerdings von Anfang an darin, dass es niemals eine gesetzliche Grundlage dafür gab und bis heute gibt, was eigentlich ein Zertifikat ist.

Wenn ein Produkt eine komplett freie Erfindung desjenigen ist, der es konstruiert, wie können Sie es dann mit irgendetwas vergleichen? Man nutzte die Vertragsfreiheit hier vollständig aus.

Von der Rechtsnatur her sind Zertifikate Schuldverschreibungen, so wurden sie aber nie verkauft. „Zertifikat", das klang eher nach Zeugnis. Nach einer Bestätigung für etwas, was man gut gemacht hat. Also sind die meisten, die diese Produkte gekauft haben, davon überzeugt, dass das hier auch irgendwie besonders gut sein muss. Das Gütesiegel wird sozusagen gleich mitgeliefert.

Und dann diese wunderschönen Marketing-Ausdrücke wie „Bonuszertifikat", „Discountzertifikat", „Expresszertifikat" oder sogar „Garantiezertifikat". Klingt alles wirklich wunderbar, da kann überhaupt nichts passieren, oder? Die zuletzt verkauften der Bank Lehman-Brothers waren übrigens Garantiezertifikate. Diejenigen, die diese Papiere in Deutschland verkauft haben, waren vornehmlich die Dresdner Bank und die Hamburger Sparkasse. Bis auf ganz wenige Ausnahmen wehren sich beide Banken bis heute dagegen, in irgendeiner Art und Weise die Verantwortung für den Schaden zu übernehmen. Dabei wurden Menschen, die in den vorangegangenen 30 Jahren ihr Geld ausschließlich in Sparbüchern und Bundesschatzbriefen angelegt hatten, aus diesen Anlagen „herausbe-

raten" – und sie bleiben nun auf den Scherben dieser Anlageberatung sitzen.

Woran denken Sie, wenn man Ihnen ein Bonuszertifikat anbietet?
Sie erhalten ein Wertpapier mit einem festen Zins – und am Ende
gibt es noch einen Bonus obendrauf. Wahrscheinlich ist es bei den
meisten so. Wikipedia sagt dazu:[1]

Ein Bonus-Zertifikat lässt sich nachbilden, indem man einen Zero-Strike-Call auf
den Basiswert und gleichzeitig eine Down-and-Out-Put-Option (Barrieroption)
erwirbt. Der Basispreis der Barrieroption entspricht dem Bonuslevel und die Bar-
riere der Schwelle, ab deren Berühren die Option verfällt und das Bonuszertifikat
nur noch dem Zero-Strike-Call entspricht. Der faire, d. h. arbitragefreie Preis eines
Bonuszertifikates lässt sich als Summe der Preise dieser beiden Komponenten
berechnen.

Ganz ehrlich: Selbst die allermeisten Banker wussten und wissen
bis heute nicht, was das ist und wie es funktionieren soll. Nur – muss
man das dann anbieten und muss man das dann als Kunde kaufen?

Selbst die Stiftung Warentest hatte auf ihrer Internetseite bis zur
Lehman-Pleite als Empfehlung für die Altersvorsorge oder zumindest für das langfristige Sparen wegen der Kosten von Investmentfonds abgeraten und stattdessen auf Zertifikate gesetzt. Sie hat
sogar darauf hingewiesen, dass es ein sogenanntes Emittentenri-
siko gibt, „aber spätestens, wenn es sich um ein Garantiezertifikat
handelt, braucht man sich keine Sorgen zu machen." Wie gesagt,
die meisten Lehman-Zertifikate waren Garantiezertifikate und der
Emittent war eine der größten Banken der Welt. Was sollte hier also
geschehen können?

---

1   Link zu Wikipedia vom 04.November 2015 https://de.wikipedia.org/wiki/Zert
    ifikat_%28Wirtschaft%29#Bonus-Zertifikate

7. Investmentfonds

Die meisten werden heute wissen, was ein Investmentfonds ist oder selbst den einen oder anderen Anteil an einem Investmentfonds besitzen. Interessant ist dabei, dass die wenigsten die Spezifika kennen. Für alle anderen hier einmal in Kurzform die Beschreibung eines Investmentfonds.

Ein Fonds ist zunächst einmal nichts anderes als ein Kapitalsammelbecken. Man sammelt also von vielen verschiedenen Anlegern Geld ein. Das können bei einem Investmentfonds Sparbeiträge von 50 Euro oder 100 Euro sein, aber auch Einmalbeträge von mehreren Tausend bis zu Millionen Euro. Kleine Fonds haben ein Volumen von 20 bis 30 Millionen Euro, die größten verwalten mehrere Milliarden Euro.

Dieses Kapital wird von einer Fondsgesellschaft durch einen oder mehrere Manager betreut. Die Manager legen das Geld der Sparer nach vorher festgelegten Kriterien an. Im Groben gibt es folgende Kriterien: Aktienfonds, Rentenfonds und Immobilienfonds. Unterhalb dieser Kategorie unterscheiden sich die Fonds nach dem genauen Inhalt dessen, in was sie investieren. Das bedeutet, ein Aktienfonds kann zum Beispiel nur Aktien großer Unternehmen kaufen (Blue Chips) oder ist auf kleine Unternehmen spezialisiert (Small Caps). Alternativ dazu kann man sie nach dem örtlichen Anlagehorizont unterscheiden. So gibt es Fonds, die ausschließlich in Amerika oder nur in Deutschland oder China investieren. Oder man unterscheidet sie danach, was das Unternehmen tut. So gibt es Fonds für Finanzunternehmen, für Biotech-Firmen oder für Unternehmen, die etwa im Bereich Rohstoffe oder Infrastruktur tätig sind.

Andere unterscheiden sich nach dem Anlageansatz des Fonds-managers. Betrachtet dieser die globalen Auswirkungen, sucht dann die Länder, die sich positiv entwickeln und stößt dabei auf ein Unternehmen (Top Down), oder der Fondsmanager untersucht zunächst ein einzelnes Unternehmen, trifft dort den Vorstand und beschäftigt sich intensiv mit den Produkten und dem Wettbewerb und kümmert sich erst später um Regionen, Länder und die globale Situation (Buttom Up). Hierin zeigt sich die Vielfalt der Möglich-keiten, sich einen passenden Fonds auszusuchen.

Selbstverständlich gibt es heute auch Mischformen aus allem. Ins-besondere die sogenannten Vermögensverwaltenden Fonds sind in den letzten Jahren sehr beliebt geworden, weil die Fondsmana-ger hier die Möglichkeit haben, jeweils zu unterschiedlichen Zeiten anders zu investieren.

Was ist die Aufgabe und wie ist die Funktionsweise eines Invest-mentfonds?

Stellen Sie sich einmal vor, Sie würden eine große Summe Geld erben – von dem bislang unbekannten Onkel aus Amerika. Nicht 100.000 Euro, die man ja schnell ausgeben kann, sondern 10 Mio. oder besser 100 Mio. Euro. Nachdem Sie sich vom ersten Schreck erholt haben, müssen Sie sich Gedanken über die sinnvolle Anlage des Geldes machen. Und ohne dass ich Sie bislang kenne, wette ich, Sie würden nicht das gesamte Geld nur einem Institut anver-trauen, sondern Sie würden es verteilen. Ist es nicht so?

Und genau das ist die Aufgabe eines Investmentfonds.

Ein Aktienfondsmanager kauft dabei Aktien, ein Rentenfondsmana-ger kauft festverzinsliche Wertpapiere und ein Manager eines Im-mobilienfonds kauft – wie zu erwarten ist – Immobilien. Dazwischen gibt es alle möglichen Mischformen. Mittlerweile gibt es alleine in Deutschland weit über 6.000 zugelassene Fonds, sodass sich für jeden Betrachtungswinkel etwas Passendes finden lässt.

Ein Unterschied zu ETFs und auch zu Zertifikaten ist hier aber entscheidend. Es gibt ganz klare Regeln, was ein Investmentfonds ist und wie dieser aufgebaut sein muss. Und jetzt kommt das Erstaunlichste überhaupt: Diese Regeln gelten weltweit gleich, soweit es sich um Fonds handelt, die in Deutschland zum Vertrieb zugelassen sind. Die Bundesanstalt für Finanzdienstleistungsaufsicht (BAFin) kontrolliert diese Strukturen, bevor ein Kunde investieren kann.

So gibt es nur bei Investmentfonds die Möglichkeit, auch in Deutschland einen amerikanischen, englischen, italienischen oder französischen Fonds zu kaufen. Und diese haben jeweils das gleiche Rechtskonstrukt. Mir fällt kein anderes Produkt ein, wo das der Fall ist.

Für Sie bedeutet das, die Basis ist absolut verlässlich. Es gibt keine Überraschungen. Das gilt bei den Zertifikaten und auch bei ETFs überhaupt nicht.

Ein weiterer wesentlicher Unterschied zu den Zertifikaten, aber auch zu Sparbuch und Tagesgeldkonto, ist, dass Investmentfonds sogenanntes treuhänderisches Sondervermögen darstellen. Was bedeutet das? Das Kapital der Anleger wird rechtlich getrennt verwahrt, sowohl vom Vermögen der Investmentgesellschaft als auch vom Vermögen der Depotbank.

Die Investmentgesellschaft, also beispielsweise DWS, Deka, Union, Templeton, Fidelity usw. ist diejenige, die den Fonds auflegt und managt. Sollte diese Gesellschaft in die Insolvenz rutschen, ist das nicht schlimm. Dann wird nur ein neuer Manager eingesetzt, denn das Kapital liegt nicht hier, sondern bei einer separaten Depotbank.

Sollte wiederum der Depotbank etwas zustoßen und eine Insolvenz eintreten, so wird das Vermögen der Anleger treuhänderisch separiert und gehört nicht zur Insolvenzmasse der Depotbank. Es wird vorab ausgesondert.

Im Falle Lehman konnte man dieses Phänomen sehr schön beobachten. Alle Zertifikate von Lehman Brothers wurden von einem auf den anderen Tag wertlos. Hätten die Banken stattdessen Lehman-Investmentfonds verkauft, wären die Fonds und deren Wert noch immer vorhanden. Investmentfonds gehören nicht zur Insolvenzmasse der Bank. Und das ist auch bei allen Investmentfonds dieser Welt der Fall, soweit diese Fonds in Deutschland zugelassen sind.

Das gilt wie gesagt auch im Gegensatz zu Sparbüchern und Tagesgeldkonten. Sollte hier eine Bank pleitegehen, so unterliegen die Sparbücher und Tagesgeldkonten der Bank der jeweiligen Insolvenzmasse. Warum das so ist, das finden Sie im Abschnitt „AGB".

Dadurch, dass der Fonds sein Geld breit streut und zum Beispiel Aktien von 300 verschiedenen Unternehmen kauft, können zwar die Kurse fallen, aber der Totalausfall des Kapitals ist schon theoretisch kaum zu konstruieren. Das Geld hängt eben nicht an der Fondsgesellschaft der Bank, sondern jede einzelne Firma müsste weltweit und gleichzeitig bankrott sein, in die der Fonds investiert hat.

So haben Sie mit einem Investmentfonds eine sehr hohe reale Sicherheit, sowohl aus rechtlicher als auch als anlagetechnischer Sicht. Ob und inwieweit die Fonds aber ihre Kurse positiv oder negativ verändern, das können Sie nur mit der guten Auswahl der Fondsgesellschaft und eines guten Beraters steuern.

8. AGB der Banken

Es ist den meisten Kunden einer Bank oder Sparkasse nicht bewusst, was sie alles mit der Kontoeröffnung unterzeichnen und welchen Inhalt die AGB (Allgemeine Geschäftsbedingungen) der Banken beinhalten. Da ist zum einen die Berechtigung der Bank, jederzeit die Einführung oder Erhöhung von Sicherheiten zu verlangen. Zum anderen auch, und das ist den meisten ebenfalls nicht klar, die Verpfändung des gesamten Guthabens bei der Bank.

Das bedeutet, wenn Sie bei einer Bank ihre gesamten Geschäfte abwickeln, werden Sie auf der einen Seite Guthaben in Form eines Tagesgeldkontos oder von Wertpapierdepots haben, auf der anderen Seite aber auch Darlehensverbindlichkeiten bei der Bank, etwa für Ihr neues Auto oder auch für eine Immobilie.

Wenn Sie nun aus irgendeinem Grund mit den Zahlungen in Rückstand geraten oder sich nur mit der Bank streiten – zum Beispiel wegen einer aus Ihrer Sicht unkorrekten Abrechnung –, so kann die Bank jederzeit Ihre Guthaben sperren. Das kann insbesondere bei Selbstständigen existenzielle Folgen haben.

Im Falle von Sparbuch & Co sollte man zudem wissen, dass die Einzahlung von Geld auf ein Girokonto, ein Sparbuch oder ein Tagesgeldkonto rechtlich dazu führt, dass man als Kunde das Eigentum am Geld aufgibt. Ja, das ist tatsächlich so. Sie sind danach nicht mehr Eigentümer, sondern erhalten nur noch einen schuldrechtlichen Rückzahlungsanspruch an diesem Kapital. Und dieses Kapital haben Sie auch noch gemäß den AGB verpfändet.

9. Verlust von Eigentum

Wenn Sie sich Geld von einer dritten Person leihen, dann hat der Dritte eine Forderung Ihnen gegenüber und Sie haben Schulden.

Wenn sich die Bank jedoch bei Ihnen Geld leiht – und das tut sie ja bei jeder Form von Sparbuch oder Tagesgeldkonto –, dann haben Sie zwar eine Forderung gegenüber der Bank, aber die Bank hat keine Schulden. Wie geht das?

Wie oben bereits beschrieben, verlieren Sie das Eigentum am Geld. Die Bank bewertet das als sogenannte Einlage und verbucht es in ihrer eigenen Bilanz als Eigenkapital beziehungsweise Eigenkapital- ersatz. Das bedeutet, wenn sich die Bank Geld leiht, hat sie keine Schulden, sondern Eigenkapital.

Dies hat zur Folge, dass eben diese Einlagen im Falle einer Insol- venz der Bank nicht zugunsten der Kunden ausgesondert werden, wie das bei einem Investmentfonds der Fall ist, sondern zunächst einmal für die Verbindlichkeiten der Bank zur Verfügung stehen müssen. Den Kunden bleibt am Ende die Quote aus der Insolvenz- masse. Oder sie vertrauen dem Einlagensicherungsfonds (siehe Punkt 1).

10. Kleinkredite

Dass Kredite teuer sind und man möglichst ohne sie auskommen sollte, dass hat Ihnen vermutlich schon Ihre Großmutter erzählt. Was aber genau sollte man beachten, wenn es doch mal nötig ist – und wie berechnet sich ein solcher Kredit?

Natürlich ist es der Vergleich der Zinsen, der hier eine entscheidende Rolle spielt. Aber so sehr die Mehrzahl der Kunden die Kosten eines neuen PCs oder die Preise eines Sonderangebots im Supermarkt beachtet, so selten wird dies bei Kleinkrediten getan. Insbesondere die Hausbanken können hier gutes Geld verdienen, weil sie die Nähe zum Kunden haben und vor allem auf deren Bequemlichkeit setzen.

Einmal zum Vergleich: Wenn Sie ein Darlehen von 10.000 Euro aufnehmen und hierfür bei Bank A 6,5 Prozent zahlen, dann kostet Sie der Kredit mit einer Laufzeit von fünf Jahren insgesamt 1739 Euro an Zinsen. Das sind insgesamt 17,39 Prozent Ihrer Kreditsumme.

Wäre es nicht günstiger, das Angebot von Bank B zu nutzen, die gerade mit einem Sonderzins von 4,5 Prozent Werbung macht und bei der Sie das Geld sogar auf acht Jahre verteilt zurückzahlen können? Was kostet das? In Summe zahlen Sie hier trotz des deutlich günstigeren Zinssatzes aufgrund der längeren Kreditlaufzeit sogar mehr, nämlich insgesamt 19,26 Prozent Aufschlag.

Also achten Sie, falls Sie doch einmal in die Verlegenheit kommen, einen Kleinkredit aufnehmen zu müssen, nicht nur auf den Zinssatz, sondern auch auf die schnelle Rückzahlung des Kredites.

11. Provisionen

Dass ein Versicherungsvermittler mit dem Abschluss eines Vertrages eine Provision erhält, ist Ihnen wahrscheinlich bekannt. Und vermutlich wissen Sie auch, dass diese bei einer Lebensversicherung für 100 Euro im Monat höher ausfällt als bei einer Hausratversicherung, für die Sie vielleicht 200 Euro pro Jahr zahlen. Aber wussten Sie auch, dass dies bei der Bank ebenfalls so ist? Viele haben davon zum ersten Mal während der Finanzkrise erfahren.

Wir selbst wurden früher, wenn wir etwa eine Finanzierung für einen Hausbau vermittelt haben, darauf angesprochen, dass wir eine Provision erhalten. Dann sollte doch der Zins, wenn Sie als Kunde persönlich zur Bank gehen, günstiger sein, weil diese dann die Provision für den Vermittler nicht bezahlen müsste. Dem ist aber nicht so.

Stattdessen sind die Konditionen, die Sie über einen Dritten als Vermittler erhalten, häufig sogar günstiger, als wenn Sie direkt zur Bank gehen. Das liegt schlicht daran, dass die Bankfiliale selbst der Vermittler ist, weil das Geld für die Finanzierung in Deutschland meist aus den Zentralen in Frankfurt kommt. Die Frage ist dann, nimmt die Bankfiliale eine geringere Provision als der freie Vermittler oder nicht? In der Regel ist diese Provision für die Filiale sogar deutlich höher, als sie für jeden Drittvermittler ausfallen würde.

So werden also nicht – wie häufig von Kunden erwartet – in der Bankfiliale direkte Geschäfte gemacht, sondern sie werden immer vermittelt. Die Filialen sind heute fast alle als sogenannte Profit-Center aufgestellt, das heißt, sie müssen ihre gesamten Ausgaben selbst durch eigene Einnahme verdienen. Dabei bekommen die Mitarbeiter in der Bank nicht immer auch persönlich etwas von den gezahlten Provisionen ab. Häufig werden die getätigten Geschäfte nur „bepunktet". Am Jahresende gibt es dann für die Ergebnisse einen Bonus – oder eben ein ernstes Gespräch mit der Filialleitung.

Sind Provisionen nun gut oder eher schlecht in der Finanzberatung? Fördern sie Fehlleistungen – wie häufig kolportiert wird –, oder sind sie ein Anreiz für besondere Leistungen? Wahrscheinlich liegt die Wahrheit wie immer in der Mitte. Sicher gibt es diejenigen, die aufgrund einer erwarteten Provision den eigenen Gewinn über das Interesse des Kunden an einer für diesen geeigneten Lösung stellen. Und sicher gibt es diejenigen, die im Blick auf die Provision das Kundeninteresse gar nicht mehr sehen können. Nur – liegt das an der Provision, oder liegt es an den Menschen, die auch sonst anderen mit wenig Anstand und Moral begegnen? Am Schluss kommen wir im Abschnitt „Ethik und Moral" noch einmal hierauf zurück.

Provisionen sind also nicht per se gut oder schlecht. Weder in der Bank noch beim Versicherungsvertrieb oder bei einem unabhängigen Finanzberater. Genauso wenig wie im Gegenzug eine Bezahlung gegen Honorar eine bessere Qualität gewährleistet oder diese Menschen automatisch mit einer höheren Ethik ihrem Beruf nachgehen.

Viel schlimmer als die Bezahlung mittels Provision sind strategische Vorgaben im Vertrieb. Da fährt ein Mitarbeiter der Bank am Montagmorgen seinen PC hoch und sieht zur Begrüßung als erstes Aussagen wie diese: „Guten Morgen, es ist Investmentwoche. Diese Woche ist Ihr Ziel der Abschluss von zwölf neuen Investmentdepots mit unseren neuen Fonds für Europäische Staatsanleihen. Im Anschluss senden wir Ihnen eine Kurzübersicht und einen Argumentationsleitfaden mit zehn stichhaltigen Vorteilen dieser Anlage."

Dabei ist es nun für diesen Mitarbeiter egal, ob er viele junge Leute betreut oder hauptsächlich Rentner. Seine Aufgabe hat er in jedem

Fall zu erfüllen. Die ganze Dramatik kann man dann eine Woche später erleben, wenn es in der gleichen Bank plötzlich „Bausparwochen" heißt. Letztendlich bedeutet das für die Kunden, die sich beraten lassen, wie ihre Ersparnisse sinnvoll angelegt werden können, dass es im Grunde eine Glücksfrage ist, *wann* sie die Filiale betreten. In der einen Woche ist der Fonds die Ideallösung, in der anderen Woche wird es der Bausparvertrag sein. Machen Sie sich aber bitte frei von dem Gedanken, dass die Lösung irgendetwas mit Ihnen zu tun hat.

Wie ist es ansonsten zu erklären, dass sich 2007 und 2008 plötzlich eine Vielzahl von Rentnern als Kunden der Dresdner Bank und der Hamburger Sparkasse – nach 30 Jahren mit Sparbuch und Bundesschatzbriefen – ganz plötzlich für Zertifikate einer ausländischen Bank interessiert haben und unbedingt bei Lehman Brothers investieren wollten? Hatte sich tatsächlich plötzlich die Situation der Rentner geändert und deren Risikostruktur? Auch hier waren nicht die Provisionen schuld, die die Bankmitarbeiter bekamen, sondern die Banken selbst, die für sich massive Provisionen ausgehandelt hatten und nun die Vorgaben an die Mitarbeiter weitergaben, jeden – ob er nun geeignet sei oder nicht – für dieses Produkt zu begeistern. Noch nie zuvor gab es einen Produktverkauf in diesem Ausmaß an Menschen, die nicht einmal den Wunsch nach einer Anlage geäußert hatten, sondern deren bestehende Gelder die Banken, schlicht um Ertrag zu generieren, umgeschichtet hatten. Tausende haben so viel Geld verloren und nur die Wenigsten haben sich gewehrt und zumindest einen Teil davon ersetzt bekommen.

12. Schufa

Wussten Sie, dass die Schufa (Schutzgemeinschaft für allgemeine Kreditsicherung) keine öffentliche Institution oder Behörde ist, sondern ein rein privates Unternehmen? Die Schufa Holding AG hat allerdings etwas geschafft, was nur den wenigsten vergönnt ist, nämlich quasi ein Monopol aufzubauen.

Banken lassen sich von den Daten der Schufa leiten, ob und inwieweit sie bereit sind, Geschäfte mit Kunden zu tätigen, diesen einen Kredit zu gewähren oder wie hoch der Zins aufgrund des Schufa-Ratings ausfallen sollte.

Ja, auch Privatpersonen unterliegen bei der Schufa einem Rating, genauso wie die großen Unternehmen oder Staaten. Und genauso, wie Staaten mehr Zinsen bezahlen müssen, wenn sie ihr berühmtes AAA-Rating verlieren, genauso müssen auch Privatpersonen höhere Zinsen zahlen, wenn die Schufa sie schlechter einschätzt.

Problematisch daran ist nur, dass niemand genau weiß, wie dieses Rating zustande kommt und welche Faktoren mit welcher Gewichtung überhaupt berücksichtigt werden. Denn es sind nicht nur die sogenannten harten Faktoren wie korrekt zurückgezahlte Kredite, keine Rücklastschriften oder keine Kontokündigungen. Heute zählen auch sogenannte weiche Faktoren dazu, wie etwa der Wohnort oder ob es in ihrer Straße mehrere Fälle von Insolvenzen gegeben hat. Sie haben so zum Teil überhaupt keine Eingriffsmöglichkeiten auf die Komponenten, die Ihr Rating beeinflussen.

Nichtsdestotrotz sollte man darauf achten, dass man pfleglich mit seinem Schufa-Score umgeht. Das bedeutet u. a., dass man möglichst nicht dem Vorschlag der Verbraucherzentrale folgen sollte, für jeden Kleinkredit zu diversen Banken zu laufen, um die Konditionen miteinander zu vergleichen. Diese erzeugen sonst jedes Mal eine Schufa-Abfrage, die gespeichert wird. Alleine dies in kurzer Reihenfolge hintereinander beeinflusst das Rating massiv ins Negative.

Besser ist es da, sich an einen professionellen Darlehensvermittler zu wenden, der bei diversen Banken Voranfragen stellen kann, die nicht eingetragen und gespeichert werden. Erst wenn dieser Vergleich vorliegt, wird bei der Bank mit dem besten Angebot ein Darlehensantrag gestellt. So erhält man beste Konditionen und ein weiterhin gutes Schufa-Rating.

13. Inflation

Kaum ein Thema hat einen solchen Einfluss auf die langfristige Geldanlage und gleichzeitig wird kaum ein Thema so dramatisch unterschätzt wie die Inflation.

Wie kann das aber sein? Wahrscheinlich sind die Gründe dafür sehr banal. Der erste ist, dass man die Inflation nicht sehen kann. Die Bank bucht nicht von den 10.000 Euro auf Ihrem Sparbuch einfach mal 200 Euro ab – mit dem Hinweis auf die Inflation, um Ihnen hinterher einen neuen Kontostand von 9800 Euro zu präsentieren. Würde man das tun, wären die Menschen deutlich sensibler und würden eher etwas dagegen unternehmen. So aber bleiben die meisten in dem Glauben, sie hätten immer noch denselben Geld-wert auf dem Sparbuch, was aber gar nicht mehr der Fall ist.

Der zweite Grund ist der, dass man den Zinseszins-Effekt nicht im Kopf berechnen und deshalb schwer nachvollziehen kann. Jeder mit Grundkenntnissen der Mathematik kann errechnen, dass eine Inflation von 3 Prozent bei einem Vermögen von 100.000 Euro ei-nen imaginären Verlust von 3000 Euro ausmacht. Imaginär des-wegen, weil das Geld nominal zwar noch vorhanden ist, man aber um diese Summe aufgrund des Preisanstiegs ärmer geworden ist.

Wie aber sieht es aus, wenn man das Geld 20 oder gar 30 Jahre lang einer Inflation von 3 Prozent aussetzt? Wie hoch ist dann noch der Wert der 100.000 Euro? Nach 30 Jahren verbleiben einem nur noch 40.100 Euro Kaufkraft zum Ausgeben! Dieser Wert schockiert die meisten. Und wer glaubt, dass 30 Jahre ein zu langer Betrach-tungszeitraum ist, der sollte sich überlegen, wie lange er noch bis zum 90. Geburtstag zu leben hat. Häufig sind es noch mehr als 30 Jahre. Viele machen nämlich bei der Betrachtung den Fehler, alle Zahlen nur bis zum Renteneintritt zu berechnen – als würde die Inflation mit dem Renteneintritt aufhören. Das Gegenteil ist der Fall.

Es gibt noch einen dritten Aspekt bei der Inflation, den viele unterschätzen. Sie kennen alle die offizielle Statistik der Inflationsberechnung, die man monatlich in der Tagesschau mitgeteilt bekommt. Da sind dann in den vergangenen Jahren häufig auch Zahlen von unter 3 Prozent genannt worden.

Die gefühlte Inflation ist aber deutlich höher, weil niemand entsprechend dem sogenannten Warenkorb lebt, nach dem die Inflation berechnet wird. Darin sind beispielsweise DVD-Player enthalten, die vor einigen Jahren noch mehrere hundert Euro gekostet haben und die Sie heute für weniger als 50 Euro kaufen können. Dies zieht den Durchschnitt nach unten. Aber – wie viele DVD-Player kaufen Sie pro Jahr, dass Sie von den gesunkenen Preisen profitieren können?

Es geht noch weiter: Eine ebenfalls empirisch belegte Statistik besagt, dass Rentner heute einer anderen Inflation unterliegen als eine Durchschnittsfamilie. Der Warenkorb eines Rentners sieht ganz anders aus. Da werden weniger elektronische Geräte gekauft, dafür heizen die meisten mehr, verbrauchen also mehr Strom und Gas oder Öl. Außerdem machen sie häufiger teure Reisen, die nicht so sehr dem Wettbewerbsdruck unterliegen wie die günstigen Mallorca-Angebote. Oder es werden ärztliche Leistungen und vermehrt Medikamente benötigt, die ebenfalls durch den enormen medizinischen Fortschritt immer teurer werden. Das Deutsche Institut für Altersvorsorge (DIA) geht in einer Studie von 2010 davon aus, dass die spezifische Inflation für Rentner im Schnitt bei 6,5 Prozent liegt. Das würde bedeuten, dass jemandem, der mit 60 Jahren in Rente geht, im Alter von 90 Jahren von seinen 100.000 Euro eine Kaufkraft von gerade mal 13.300 Euro verbleibt. Das bedeutet außerdem auch, dass die Zinsen als Zusatzrente, die man während der ganzen Zeit erhalten hat, ebenfalls immer geringer werden.

Als Fazit muss man festhalten, dass die Berücksichtigung der Inflation zu den wesentlichen Punkten einer langfristigen Finanzplanung gehört. Leider finden sich in realen Finanzplanungen dagegen selten umfangreiche Aspekte zum Thema Inflation. Das bedeutet, dass Sie als Verbraucher selbst darauf achten müssen, wenn Sie beim nächsten Mal mit Ihrem Finanzberater zusammensitzen.

14. Rendite

Damit kommen wir zum wichtigsten Gegenpart der Inflation, nämlich der Rendite. Unter Rendite verstehen wir den Erfolg einer Geldanlage nach Abzug von Kosten. Denn nur von dem, was Ihnen tatsächlich verbleibt, können Sie leben.

In Zeiten, in denen Sie auf dem Sparbuch und dem Tagesgeldkonto
teilweise weniger als 1 Prozent Zinsen bekommen, ist der Blick auf
die Rendite wichtiger denn je. Während Sie früher überall gute
Zinssätze und Angebote erhalten haben, sind heute die Angebote
zumeist schlecht – und am Ende steht dennoch das Risiko eines
Totalverlustes, wie im Falle der von der Dresdner Bank oder der
Hamburger Sparkasse vertriebenen Lehman-Zertifikate.
  Es gibt eine alte Grundregel, die lautet: „Mit dem Anstieg der
Zinsen steigt automatisch das Risiko einer Geldanlage." Das wür-
den wir heute so nicht mehr unterschreiben. Ich möchte Ihnen den
Grund dafür gern erläutern.

Früher sind wir immer davon ausgegangen, dass es einen „risikolosen Zins" gibt. Das war der Zins, den Sie für festverzinsliche
Wertpapiere oder Bundesschatzbriefe erhalten haben. Er fiel etwas
geringer aus als bei anderen Anlagen, aber er war sicher, und eine
Verzinsung erhielten die Kunden trotzdem.

Heute gibt es keinen risikolosen Zins mehr, heute erhalten Sie stattdessen ein „zinsloses Risiko". Sie gehen heute mit jeder Geldanlage
ein gewisses Risiko ein – selbst bei Sparbüchern und Tagesgeldkonten. Dabei ist es insbesondere wegen der eben beschriebenen
Inflation unbedingt notwendig, dass Sie eine entsprechend hohe
Rendite erzielen. Diese muss zwingend deutlich über der tatsäch-

lichen Inflation liegen, also netto nach Abzug der Kosten und Abgeltungssteuer bei mindestens 4 Prozent.

Lassen Sie sich unter keinen Umständen einreden, dass das nicht geht. Natürlich geht das. Sämtliche großen Unternehmer und die reichsten Menschen haben in den letzten Jahren alle ihr Vermögen deutlich gesteigert und niemand von ihnen hat sein Kapital auf ein Tagesgeldkonto bei der Sparkasse oder Volksbank eingezahlt. Lernen Sie von denen, die wissen, wie es geht, und glauben Sie keinem Bankmitarbeiter oder Verbraucherschützer, der nicht selbst vermögend ist.

Sehen Sie sich die größten Tennisspieler dieser Zeit an: Alle haben sie einen Coach, der selbst schon die Nr. 1 auf der Weltrangliste war. Keiner der Profis würde sich von jemandem coachen lassen, der nur theoretische Kenntnisse vom Tennis hat – wie gut auch immer diese sein mögen. Lernen Sie von den Praktikern.

Es geht bei der Frage der Rendite nicht darum, einen maximalen Gewinn zu erzielen oder zu spekulieren, um schnell reich zu werden. Nein, vielmehr geht es darum, nicht sehenden Auges arm zu werden. Es geht um die Notwendigkeit, dass Sie spätestens zum Rentenalter von Ihren Zinsen und dem Kapital werden leben müssen. Die wenigsten von uns werden eine Rente oder Pension erzielen, die auskömmlich sein wird. Sie sind demnach schlicht und einfach gezwungen, das Kapital so anzulegen oder anzusparen, dass es Ihnen wirklich hilft.

15. Sicherheit

An die Frage der Rendite schließt sich immer gleich das Thema Sicherheit an. Ist es nicht viel zu gefährlich, nach einer hohen Rendite zu streben? „Sollte man sich nicht besser auf konservative Anlagen der Bank verlassen? Da sind die Zinsen zwar niedrig, aber dafür ist das Kapital sicher." So höre ich es fast jeden Tag von Kunden.

Wir haben es weiter oben ja bereits beleuchtet. Die Sicherheit, die Sie heute bei konservativen Anlagen der Bank erhalten, ist zumindest fragil. Der Einlagensicherungsfonds funktioniert nur so lange, wie eine kleine Bank in Probleme kommt, damit die anderen großen Banken diese retten können. Hamburger Kunden können sich möglicherweise noch an die Fischer Bank erinnern, die 1995 in die Insolvenz schlitterte und als erste Bank noch von einem Vorgänger des Einlagensicherungsfonds aufgefangen wurde.

Die einzige Sicherheit, die Sie heute auf konventionelle Art und Weise erhalten können, ist die Sicherheit, dass Sie Geld verlieren. Entweder durch falsche Anlagen oder durch die Inflation. Auf jeden Fall wird es weniger – garantiert.

Es ist an der Zeit, das Thema Sicherheit neu zu definieren. Was bedeutet Sicherheit eigentlich? Für den einen bedeutet es, dass die versprochene Gesamtleistung auf jeden Fall erreicht wird. Der andere möchte nur sein eingezahltes Geld zurückerhalten, ein Dritter versteht unter Sicherheit, dass das Geld nicht komplett verloren ist. Kleinere Verluste werden dabei akzeptiert. Wie ist es bei Ihnen, was ist für Sie bislang Sicherheit und was erwarten Sie?

Um bestimmte Dinge zu verstehen, hilft häufig auch ein Blick in die Vergangenheit. Im Grunde genommen fallen die Zinsen in Deutschland und den USA seit Anfang der 1980er-Jahre. In Deutschland lag die Umlaufrendite, also der Durchschnitt aller gehandelten Staatsanleihen, im August 1981 bei 11,2 Prozent. Seit diesem Zeitpunkt fallen die Zinsen relativ konstant. Erstaunlich daran ist, dass dies offenbar kaum jemand zur Kenntnis nimmt.

Das liegt zum einen daran, dass die meisten Beobachter sich von der Presse leiten lassen. Und die wiederum muss ständig über etwas Neues berichten. Der Blick der Presse ist, bedingt durch ihre Erscheinungsform, kurzfristig orientiert. Was passierte gestern, was passiert heute? Darüber zu berichten, was seit 10 oder 20 Jahren passiert, kann nur schlecht für eine Schlagzeile sorgen.

Aber welche Auswirkungen hat das? Für konservative Anleger war das nicht so schlimm, wie man es im ersten Moment erwarten könnte. Die Rendite eines konservativen Rentenfonds setzt sich nämlich aus mehreren Komponenten zusammen. Da ist zum einen der Zins. Dieser lag Mitte der 1980er-Jahre tatsächlich bei 8 oder 9 Prozent für sichere Staatspapiere. Jahre später sanken die Zinsen auf 6 oder 7 Prozent. Auf der anderen Seite hatte ein solcher Fonds jedoch noch „alte" Papiere mit höherer Verzinsung. Diese führten in den Fonds zu einem Kursgewinn.

Diese Kursgewinne gab es bis in die jüngste Vergangenheit. Noch im Jahr 2014 konnten Sie mit europäischen Staatsanleihen teilweise 6 Prozent Rendite erwirtschaften. Und das mit Wertpapieren, die selbst kaum mehr als 1 Prozent Zins zahlen. Die Differenz resultiert aus Kursgewinnen. Diese wiederum nehmen die Zukunft vorweg. Wenn der Zinsmarkt fällt, dann ist derjenige mit den alten, noch höher verzinsten Papieren der Gewinner. Denn diese kann er zu einem höheren Preis anbieten, als sie nominell wert sind.

Und die Folge? Menschen haben die Tendenz, das beizubehalten, was gut funktioniert hat. Man hat gute Erfahrungen damit gemacht. Wenn nun jedoch die Zinsen in Europa bei 0,1 Prozent angekommen sind, dann können diese rein physikalisch nicht viel tiefer fallen. Der Boden ist erreicht. Somit sind in Zukunft Kursgewinne nicht mehr möglich. Es bleibt dann nur der Zins, den die Staaten für Ihre Schuldpapiere zahlen – und der liegt weit unter 1 Prozent pro Jahr.

Demnach kann der Weg nur in die andere Richtung führen. Dass nämlich die Zinsen wieder steigen. Die neue amerikanische Notenbank-Chefin Janet Yellen kündigte für das Jahr 2015 bereits mehrfach genau das an, nämlich eine Zinserhöhung. Man darf gespannt sein, wie sich die US-Rentenfonds weiterhin entwickeln.

Was bedeutet das für Sie und warum beleuchte ich dieses Thema hier unter dem Begriff Sicherheit? Die Menschen in Europa und insbesondere in Deutschland sind es gewohnt, ihr Geld sicher anzulegen. Sie sind es gewohnt, wenige bis keine Risiken einzugehen. Sie hatten es auch bislang nicht nötig, denn sie konnten sich mit sehr einfachen Mitteln eine vernünftige Verzinsung sichern, einfach indem sie Lebensversicherungen abschlossen oder Bundesschatzbriefe selbst oder in Form von Rentenfonds erwarben. In Zukunft werden sie nicht mal einen Bruchteil der früheren Zinsen erzielen.

Kennen Sie den berühmten Ausspruch des letzten deutschen Kaisers Wilhelm II? Der sagte: „Das Auto ist eine vorübergehende Erscheinung. Ich glaube an das Pferd." Nur weil etwas Jahrzehnte lang funktionierte, bedeutet das nicht, dass es auch künftig gut sein wird.

Es gibt keine fachlich korrekte Aussage zum Thema Sicherheit. Denn es liegt im Auge des Betrachters, was man als sicher erachtet. Die Aufgabe dieses Ratgebers ist es nur, Sie hierfür zu sensibilisieren.

16. Altersvorsorge

Die Altersvorsorge in Deutschland ist ein extrem sensibles Thema. Es bewegt die Menschen wie kaum ein anderes. Berichtet eine Zeitung hierüber, kann man im Netz häufig beobachten, dass es schnell eine Vielzahl an Kommentaren gibt.

Neben dem berühmten Satz von Norbert Blüm („Die Rente ist sicher") gibt es viele Stilblüten, Meinungen und Vorurteile, von denen die wenigsten korrekt sind. Erinnern Sie sich noch an die Diskussion, ob man die Beiträge zur gesetzlichen Rentenversicherung nicht absenken müsse, weil diese so hohe Überschüsse erwirtschaftet habe? Die Überschüsse betrugen Ende 2012 knapp 30 Mrd. Euro, was gerade mal 1,69 Monatsbeiträge ergibt. Wenn Sie als Privatperson nur noch für die nächsten sieben Wochen Geld hätten, würden Sie dann überlegen, wie man das viele Geld ausgeben könnte? Oder würden Sie nicht eher dazu tendieren, die Reserve weiter zu erhöhen?

Zur gleichen Zeit erhält die Deutsche Rentenversicherung aus Steuermitteln einen Zuschuss von knapp 80 Mrd Euro. Das bedeutet, objektiv betrachtet gibt es gar keine Überschüsse, sondern das deutsche Rentensystem macht jährlich 50 Mrd. Euro Verlust – Jahr für Jahr mit dem Geld der Steuerzahler subventioniert. Dabei ist zu beachten, dass dies alle Bürger zahlen, also auch diejenigen, die als Selbstständige, Beamte oder Freiberufler selbst gar keine Leistungen aus der gesetzlichen Rente zu erwarten haben. Und sogar Rentner zahlen heute häufig Steuern und subventionieren so ihre eigene Rente mit.

Das Hauptproblem des deutschen Rentensystems ist die Demographie. Als Bismarck die Struktur erfand, die heute noch gilt, mussten rund zwölf Arbeitnehmer für einen Rentner zahlen. Heute bleiben nur noch etwa drei Arbeitnehmer übrig, die sich diese Leistung teilen müssen. Kritiker behaupten nun, dass dies keinen Einfluss habe, weil auch die Produktivität in den letzten Jahrzehnten gestiegen sei. Das ist sicher richtig, reicht aber leider noch nicht als Erklärung.

Hinzu kommt, dass noch 1950 der durchschnittliche Rentner nur sieben Jahre lang Rente bezogen hat, bevor er starb. Heute kann ein Rentner über 18 Jahre seine Rente genießen. Das ist fast dreimal so lang. Aber weder wollen wir im Gegenzug die Rentenbeiträge deswegen dritteln, noch gibt es dreimal so viele Menschen, die in die Rentenversicherung einzahlen. Demnach fehlt irgendwo Geld.

Es kommen weitere Herausforderungen hinzu: So machten noch vor 40 Jahren nur rund 20 Prozent der Kinder Abitur, heute sind es rund 50 Prozent. Was für den Bildungsstand in diesem Land ein Segen ist, wird für die Rente zum Fluch. Denn viele der Abiturienten studieren auch noch. Das heißt, während früher ein Großteil der Jugendlichen mit 15 oder 16 Jahren in die Ausbildung gegangen ist, beginnt für viele heute erst mit 25 oder 30 Jahren das Arbeitsleben. Und es ist eine doppelte Belastung. Denn so zahlen die Späteinsteiger 10 bis 15 Jahre weniger für andere ein und auch die eigenen Rentenansprüche wegen der Schulausbildung enden spätestens mit dem 24. Lebensjahr. Jede Ausbildung, die länger dauert, fehlt in der eigenen Rentenhistorie.

Der erste Bundeskanzler, Konrad Adenauer, hatte die Chance, die Rente neu zu gestalten – und viele Experten rieten ihm damals dazu. Mit dem folgenschweren Satz „Ach was, Kinder kriegen die Leute immer" beendete Adenauer die Diskussion seinerzeit. Niemand konnte sich vorstellen, dass die durchschnittliche Kinderzahl von über 3 auf heute 1,38 Kinder sinken könnte.

Frühverrentung, Zeiten von Arbeitslosigkeit, geringere Einkünfte wegen eines Studiums oder einer zweiten Ausbildung sind ebenfalls Aspekte, die die Rentenkasse belasten. Genauso wie diejenigen, die kurzfristig oder sogar dauerhaft Sozialhilfe oder Hartz IV beziehen und so ebenfalls nicht in die Rentenkasse einzahlen. Ob man das nun gut oder schlecht findet, ist eine andere Frage. Fakt ist, es belastet die Kasse der gesetzlichen Rentenversicherung.

Das Thema Altersvorsorge wird somit mehr und mehr zu einer persönlichen Frage. Sie müssen für sich selbst beantworten, wie Sie später leben möchten – und hierfür aktiv Vorsorge betreiben. Sie sollten sich genau ausrechnen lassen, wie hoch der Bedarf ist, welche Anwartschaften Sie heute bereits haben und vor allem, wie sich der Bedarf inklusive einer kalkulierten Inflation bis zum Renteneintritt aufbaut. Dabei sollten Sie nicht vergessen, die Inflation auch nach dem Renteneintritt in die Kalkulation einfließen zu lassen. Ein guter Finanzberater hilft Ihnen hierbei.

Nur als Anhaltspunkt soll hier ein Beispiel genannt werden: Ein 40-Jähriger verdient 3000 Euro netto monatlich und hat laut Bescheid der Rentenkasse einen Anspruch von 1600 Euro Rente. Hinzu kommt eine kleine Betriebsrente von 250 Euro monatlich. Er kalkuliert, dass er später mit 2500 Euro auskommen kann, somit ergibt sich ein Fehlbetrag von „nur" 650 Euro.

Mit einer angenommenen Inflation von 2 Prozent bedeutet dass, dass die 650 Euro sich mit 67 Jahren schon auf 1109 Euro aufsummieren. Da die Inflation mit 67 Jahren nicht aufhören wird, sondern eher verstärkt weitergeht, bräuchte er im Alter von 90 Jahren bereits einen Betrag von 1749 Euro, um den Gegenwert von heutigen 650 Euro zu erhalten. Im Durchschnitt benötigt er also 1428 Euro, um seine Versorgungslücke zu schließen.

Wie viel Kapital benötigt er nun mit 67 Jahren, um das auch umsetzen und richtig ausfinanzieren zu können? Das liegt natürlich auch an den Zinsen, die er ab heute für das Ansparen und später während der Rentenzeit bekommt. Geht man von 3 Prozent Ertrag während der Rentenzeit aus, benötigt er ein Kapital von 284.500 Euro. Um dieses Kapital aufzubauen, muss der Anleger selbst bei einer angenommenen Verzinsung von 5 Prozent nach Steuern und Gebühren jeden Monat immerhin 416 Euro sparen. Dabei bedeuten 5 Prozent nach Steuern und Gebühren einen Anlagezins von über 7 Prozent. Setzt unser Angestellter hier lieber auf die Sicherheit einer deutschen Lebensversicherung, so benötigt er aufgrund der geringeren Verzinsung für das gleiche Ergebnis eine monatliche Sparrate von 570 Euro. Sicherheit muss man sich eben leisten können.

17. Baufinanzierung

In Zeiten der Finanzkrise und der allgemeinen Verunsicherung kommt mehr und mehr der Wunsch nach Sicherheit auf. Immobilien, das sogenannte Betongold, erreichen neue Höchstwerte, zumindest in den Ballungszentren. Die Preise steigen jährlich im zweistelligen Prozentbereich, sodass es angezeigt scheint, besser heute als morgen Wohneigentum zu kaufen.

Da in den meisten Fällen das Kapital zum Kauf einer Wohnung oder eines Hauses nicht bar vorhanden ist, muss eine Finanzierung her. Die Verbraucherzentralen raten schon lange dazu, sich bei so langfristigen Verträgen mehrere Angebote einzuholen. Unter dem Stichwort „Schufa" haben wir die Problematik eines solchen Vorgehens schon erläutert. Aber es gibt dennoch eine Lösung, vielleicht sogar mehrere.

Zum einen ist da das Internet mit seinen Vergleichsportalen. So stellt beispielsweise die Interhyp die wohl größte Plattform für Baufinanzierungen dar. Hier werden rund 230 Banken und andere Kreditgeber miteinander verglichen und die Kunden erhalten ein konkretes Angebot. Das ist häufig günstiger als eines bei der Hausbank.

Eine andere Variante ist es, sich an einen professionellen Darlehensvermittler zu wenden. Viele Finanzdienstleister spezialisieren sich heute u. a. auf das Thema Finanzierungen. So erhalten Kunden hier sofort eine Übersicht über diverse Bankkonditionen mit den jeweiligen Nebenbedingungen. Wir nutzen dabei selbst die Profi-Variante der Interhyp, sodass wir auf dieselben 230 Banken zugreifen können, häufig aber individuellere Lösungen schaffen als die Kollegen der Interhyp an den Hotlines. Denn gerade in der

Finanzdienstleistungsbranche sind – anders als im Einzelhandel – die Internetlösungen nicht unbedingt billiger. Testen Sie es doch einfach mal.

Trotz aller Unkenrufe ist die Baufinanzierung für die Banken immer noch ein sehr einträgliches Geschäft. Es geht um große Summen, die Verträge laufen in der Regel sehr lange und gerade im zweiten Teil ist die Wechselbereitschaft der Kunden häufig sehr gering. Und genau hier ist Vorsicht geboten!

Man erlebt es immer wieder: Wenn junge Paare gemeinsam das erste Haus bauen oder kaufen, dann wird verglichen, was das Zeug hält. Da werden Banken abgeklappert, es wird um jede 0,1 Prozent verhandelt. Kaum jemand, der beim ersten oder zweiten Angebot gleich zuschlägt und einen Kreditvertrag unterschreibt. Nach zehn Jahren wandelt sich das Bild jedoch dramatisch. Häufig „vergessen" viele Kunden ihre Finanzierung während der Laufzeit und werden erst vier Wochen vor dem Zinsbindungsende durch ihre Bank an die Verlängerung des Vertrages erinnert. Sie erhalten dann ein Verlängerungsangebot mit der Bitte, nur „unten rechts" zu unterzeichnen – und schon ist der neue Darlehensvertrag abgeschlossen.

So einfach, wie das geht, so teuer ist es häufig auch. Das ist genau der Knackpunkt. Die meisten Banken spekulieren regelrecht mit der Faulheit und Trägheit ihrer Kunden. „Jetzt noch verschiedene Banken miteinander vergleichen? Weißt du noch, was für eine Rennerei das damals war, Schatz? Und wenn wir die Bank wechseln, dann wollen die bestimmt wieder so viele Unterlagen haben." Das sind nur einige der Gedanken, die bei Kunden zum Ablauf des Zinsbindungsendes entstehen. Oft erscheint es dann tatsächlich einfacher, das Angebot der Bank anzunehmen. Das wird auch dadurch leicht gemacht, dass durch den allgemeinen Zinsrückgang das neue Angebot auf jeden Fall günstiger als die ursprüngliche

Finanzierung ist. Ohne Aufwand sparen die Kunden in der Regel einige hundert Euro.

Die Bank rechnet jedoch genau mit dieser Trägheit und bietet aus diesem Grund in der Regel deutlich überhöhte Konditionen an. Wir haben schon Fälle erlebt, da hat allein ein Anruf bei der Bank und die Nachfrage nach den Konditionen dazu geführt, dass schon am Telefon die Zinsen um 0,5 Prozent günstiger wurden. Die Unterschiede erreichen in der Praxis bis zu 1 Prozent pro Jahr, je nachdem, ob Sie das erste Angebot annehmen oder sich neu um die Finanzierung Ihrer Immobilie bemühen. Das ist wirklich interessant, denn niemand, der neu finanziert, würde bei einer Bank rund 1 Prozent mehr bezahlen, nur weil es bequem ist.

Wenn Sie dann noch bedenken, dass Sie heute ein bestehendes Darlehen bis zu drei Jahre früher mit einem sogenannten Forward-Darlehen absichern können, so können Sie sich aktuell günstige Konditionen bereits für die Zukunft sichern und haben ausreichend Zeit, auch notwendige Unterlagen zusammenzustellen. Ein Aufwand, der sich lohnt, denn 0,5 Prozent Zinsersparnis bei einem Darlehen von zum Beispiel 250.000 Euro und einer Restlaufzeit von 15 Jahren führt zu geringeren Kosten von 18.750 Euro. Geld, das Sie besser in die Renovierung Ihres Badezimmer und einer neuen Küche investieren sollten.

18. Sondertilgung

Das Thema „Sondertilgung" ist eines der beliebtesten, wenn es um die private Baufinanzierung geht. Wir alle haben gelernt, dass man am besten keine Schulden macht – und wenn doch, dass man diese so schnell wie möglich zurückzahlen sollte, da Zinsen teuer sind.

Kaum einer merkt, dass dies nur ein Glaubenssatz ist, der keinen Anspruch auf Wahrheit hat. Wer sagt denn, dass es schlecht sei, Schulden zu machen, oder wer sagt, dass Zinsen tatsächlich teuer sind? Und was bedeutet „teuer" überhaupt in diesem Zusammenhang? Kunden sind immer wieder erstaunt, wenn man ihnen im Gespräch solche Fragen stellt, denn sie haben in der Regel noch nie darüber nachgedacht. Sie haben sich keine eigene Meinung gebildet, sondern immer nur das übernommen, was andere dazu gesagt haben.

Was ist also die Alternative zur Sondertilgung? Vieles im Leben hat zwei Seiten. So ist es auch mit der Tilgung.

Eine Betrachtungsweise haben die wenigsten im Blick: Sie sparen nämlich nicht nur Zinsen, wenn Sie eine Sondertilgung leisten, sondern Sie verlieren auch Zinsen. Nämlich die, die Sie dann als Guthabenzins nicht mehr erhalten. Diese sogenannten Opportunitätskosten werden häufig vergessen. Nun können Sie einwenden, das spiele ja auch angesichts der aktuellen Niedrigzinsphase keine Rolle, wenn man auf dem Sparbuch so gut wie keine Zinsen erhält. Aber wer sagt denn, dass es das Sparbuch sein muss? Denn Zinsen gibt es nach wie vor – nur eben nicht mehr bei Banken.

Die zweite Möglichkeit könnte sein, dass man mit dem Geld zum Beispiel seinen Leasingwagen ablöst und so die Leasingrate spart.

Können Sie beispielsweise 30.000 Euro Sondertilgung leisten, dann sparen Sie bei einem Darlehenszins von 4 Prozent in den nächsten Jahren 100 Euro im Monat. Zahlen Sie stattdessen den Vertrag für Ihr Auto zurück, so beträgt Ihre Ersparnis wahrscheinlich 300 bis 400 Euro pro Monat. Sie sollten also genau prüfen, welche Art von Vertrag Sie zunächst bedienen.

Während wir 2015 bei einem Bauzins von unter 2 Prozent für eine zehnjährige Zinsfestschreibung angekommen sind, können die Kunden beispielsweise bei uns im Unternehmen immer noch feste Zinsen von mindestens 4 Prozent erzielen, wenn sie das Geld alternativ anlegen. Die Zinsdifferenz fällt hier deutlich zugunsten der Kunden aus. Warum Ihnen die Bank diesen Zinssatz nicht auch so anbietet, müssen wir an dieser Stelle wohl kaum erläutern. Ansonsten lesen Sie noch einmal Punkt 3 „Es gibt noch Zinsen."

Erzielen Sie also in unserem Beispiel 4 Prozent Zinsen, sind das bei 30.000 Euro im Jahr 1200 Euro. Und selbst wenn Sie diese voll versteuern müssen, weil Sie Ihren Freibetrag schon ausgeschöpft haben, verbleiben Ihnen immer noch 883,20 Euro (Abgeltungssteuer 25 Prozent zuzüglich 5,5 Prozent Solidaritätszuschlag). Würden Sie diese Summe von 30.000 Euro stattdessen in Ihr Darlehen einzahlen, so würden Sie bei einem Zins von beispielsweise 2,5 Prozent jährlich 750 Euro sparen. Nun beträgt der Unterschied nicht nur 133,20 Euro jährlich (883,20 - 750 Euro), denn die Betrachtung muss man langfristiger anstellen. Da ist zum einen der Zinseszinseffekt. Bei der Zinsersparnis im Darlehen bleibt es langfristig bei den 750 Euro pro Jahr. Die 30.000 Euro, angelegt zu 4 Prozent, erzielen einen Zinseszinseffekt, sodass Sie in zehn Jahren 40.448 Euro netto auf dem Konto haben. Das ist ein Gewinn von 10.448 Euro. Pro Jahr also ein durchschnittlicher Gewinn von 1044,80 Euro. Die Sondertilgung bringt dagegen pro Jahr eine Ersparnis von 750 Euro. Jetzt beträgt die Differenz bereits 294,80 Euro. Und – das gilt pro

Sondertilgung. Prozentual gesprochen ist die Variante mit dem Anlagekonto im Vergleich zur Sondertilgung ein um 39,3 Prozent besseres Ergebnis. Würde man nicht in anderen Lebensbereichen auch aufhorchen, wenn man irgendwo 39,3 Prozent mehr Ergebnis oder mehr Ware für das gleiche Geld bekommt?

Und noch ein Aspekt sollte dabei nicht unterschätzt werden: Was passiert, wenn die Zinsbindung endet? Die Sondertilgung von 30.000 Euro, die Sie bei der Bank eingezahlt haben, bleibt dort. Bei Verlängerung des Darlehens – meist nach zehn Jahren – zahlen Sie weiterhin weniger Zinsen. Die Ersparnis ist durch die allgemeine Senkung des Zinsniveaus der vergangenen Jahre immer geringer geworden. Während Sie früher bei einem Darlehenszins von 5,5 Prozent noch 1650 Euro gespart haben, sind es beim heutigen Zinsniveau von unter 2 Prozent nur noch 600 Euro pro Jahr. Wenn Sie allerdings in die Verlegenheit kommen, dass nach der Zinsbindung Ihr Auto erneuert werden muss, dann sind Sie bei einem Auto für 30.000 Euro schnell bei einer Leasingrate von 500 Euro im Monat – während Sie heute für Ihre neue Hausfinanzierung für die gleiche Summe nur noch 50 Euro sparen.

Fazit: Je geringer die Zinsen sind, desto weniger lohnt sich die Sondertilgung. Beachten Sie auch den Zinseszinseffekt bei Ihren Berechnungen. Und wenn auch nur im Entferntesten die Chance besteht, dass Sie dieses Kapital später noch für größere Ausgaben benötigen – wie Auto, Hausrenovierung oder ähnliches – dann sollten Sie besser die günstigen Bauzinsen in Anspruch nehmen und für das freie Kapital eine sinnvolle Anlagestrategie suchen.

19. Riester-Rente

Die Aussagen zur Riester-Rente sind vielfältig. Die einen behaupten, jeder müsse sie haben, andere schauen auf die Kosten und lehnen sie komplett ab. Zudem sind die Verträge kaum miteinander zu vergleichen, denn ein Banksparplan hat mit einem Fondsdepot und dieses wiederum mit einem Bausparvertrag so gar nichts gemein. Wir wollen uns hier deshalb ausschließlich auf das System Riester konzentrieren und einige interessante Hintergründe beleuchten.

Die Riester-Rente wurde bereits 2002 ins Leben gerufen. Sie sollte einen Ausgleich für die Kürzung der gesetzlichen Rentenversicherung ermöglichen, wonach der sogenannte Eckrentner ab diesem Zeitpunkt keine 70 Prozent seines letzten Nettoeinkommens erzielen wird, sondern maximal 67 Prozent. Das Ganze wurde von staatlicher Seite gesponsert mit Zulagen und Steuervorteilen. Das werden Sie vermutlich kennen.

Ich möchte Ihnen aber hier einige weitere Infos geben, die Sie so nicht in jedem Verkaufsgespräch erhalten oder auf entsprechenden Internetseiten finden. Wussten Sie etwa, dass sich die Politik ein Kapitalanlageprodukt ausgedacht hat, das der gesamte weltweite Kapitalmarkt bis dato noch nicht ersonnen hatte? Fragen Sie sich doch einfach mal, ob es tatsächlich sein kann, dass die deutschen Politiker bessere Finanzprodukte entwickeln können als der gesamte internationale Finanzmarkt der vergangenen 500 Jahre. Wie gut kann dieses Produkt wirklich sein?

Mich hat es vom ersten Tag an gewundert, dass hierzu kaum eine Diskussion entstanden ist. Die Produkte, die sich die Politiker ausdachten, gab es in der Realität nicht. Sie wurden von der Finanzindustrie ausschließlich nach den Vorgaben der deutschen Politik zusammengesetzt. Im Übrigen wird bis heute keines dieser Produkte im Ausland angenommen. Man könnte doch meinen, dass auch Bürger in anderen Ländern gern eine sichere Rente hätten. Jedoch bietet niemand ein solches Produkt im Ausland an und niemand aus dem Ausland möchte dieses Produkt importieren. Und das in einer so globalisierten Welt. Ich finde, das sollte einem zu denken geben.

In der Praxis erleben wir immer wieder, dass die Verkäufer in Banken, bei Versicherern oder neuestens auch von Bausparkassen den gesamten Fokus auf die Sparphase abstellen. Da werden Steuervorteile und Zulagen beworben, dass es schon fast wie ein Wunder erscheint, dass eine Anlageform tatsächlich solche unglaublichen Vorteile bietet.

Vergessen wird zumeist die Kehrseite der Medaille, nämlich die Rentenphase. Darauf angesprochen, heißt es dann häufig: „Ja, die Rente müssen Sie versteuern, aber als Rentner zahlen Sie ja quasi keine Steuern." Ganz ehrlich, wenn der Berater Ihnen so etwas sagt, sollten Sie schnell weglaufen. Denn schließlich sollte es die Aufgabe des Beraters sein, dass es Ihnen im Alter gut geht – und dann zahlen Sie Steuern!

Wer im Alter von 35 Jahren und mit einem Durchschnittsgehalt eine Riester-Rente abschließt und dort rund 100 Euro monatlich einzahlt und sich für einen guten Vertrag entscheidet, der erhält als Zulage für diesen Vertrag 154 Euro pro Jahr, sowie einen Steuervorteil von 18 Euro im Monat. Insgesamt wird der Vertrag mit beeindruckenden 31,5 Prozent staatlich gefördert. Klingt verlockend. Im Rentenalter passiert nun folgendes: Sie erhalten später eine Rente von rund 250 Euro monatlich. Bei einem Steuersatz von nur 30 Prozent bedeutet das, dass Sie rund 75 Euro Steuern pro Monat zahlen. Das sind im Jahr 900 Euro.

Fassen wir zusammen: In der Sparphase erhalten Sie 154 Euro Zulage jährlich und 18 Euro Steuervorteil monatlich, im Jahr sind das zusammen mit der Zulage somit 388 Euro. Das Ganze vom 35. Lebensjahr ab, bis Sie 67 Jahre alt sind, also 32 Jahre lang. Wenn Sie dann Rentner sind und der Vertrag ausgezahlt wird, bekommen Sie brutto 250 Euro monatlich, wofür Sie im Jahr 900 Euro Steuern zahlen. Sollten Sie 95 Jahre alt werden, zahlen Sie sogar ein Jahr länger, als Sie die Förderung bekommen haben. Die Steuer für die Riester-Rente ist somit 131 Prozent höher als die Förderung. Das gesamte Riester-System ist also im Grunde genommen nur ein Darlehen, das Sie zunächst kostenlos bekommen und später teuer mit Zins- und Zinseszinsen an den Staat zurückzahlen müssen.

Es hat schon seinen Grund, warum Politiker landauf und landab immer wieder darauf hinweisen, dass die Menschen mit Hilfe der Riester-Rente vorsorgen sollen. Wenn man extra ein eigenes Produkt entwickelt, möchte man natürlich auch, dass dies bestmöglich angenommen wird – da ist die Politik nicht anders gestrickt als jeder Vorstand einer deutschen Versicherungsgesellschaft. Selbst die Verbraucherzentralen kritisieren die Riester-Rente immer wieder als Steuergeschenk für die Versicherungslobby. Anders als sonst reagieren die Politiker hierauf jedoch nicht. Es macht offenbar einen Unterschied, ob man eine fremde Bank oder ein Finanzinstitut kritisiert oder ob es um „das eigene Baby" geht. Dieses ist von Seiten der Politiker unangreifbar. Sie müssen als mündiger Verbraucher schon selbst entscheiden, welche Vorteile Sie annehmen wollen und vor welchen Nachteilen Sie sich in acht nehmen sollten.

20. Bruttobeitragsgarantie

Die Riester-Verträge werden häufig neben der Gewährung von Zuschüssen mit dem Argument verkauft, dass Sie als Kunde hier eine Bruttobeitragsgarantie hätten. Das bedeutet, Sie bekommen auf jeden Fall die eingezahlten Beiträge zurück, einschließlich der gezahlten Zulagen. Das klingt doch wirklich gut, oder? Nun ja, aus fachlicher Sicht ist es wenig verlockend, Geld über 20 oder 30 Jahre anzusparen, um nur seine eingezahlten Beiträge zurückzuerhalten. Da hätten Sie das Geld auch gleich in einen Schuhkarton legen können. Ist das also wirklich ein schlagendes Argument?

Im Ergebnis sollte man dann allerdings diese Garantie auch nutzen, wenn man schon einen Riester-Vertrag abschließt. Nämlich so, dass man in der Anlagestrategie für diesen Vertrag die höchste aller möglichen Risikostufen wählt. Das mag dem Thema Garantie auf den ersten Blick entgegenstehen – tut es aber nicht.

Wenn Sie schon eine Garantie auf die Beiträge erhalten, dann haben Sie doch keinerlei Risiko. Wenn Sie also kein Risiko haben, bleibt nur noch die Chance. Und die ist bei einer Anlage mit höchster Risikostufe eben am größten. Sie können nur gewinnen.

Aus diesem Grund hat es dann keinen Sinn, eine Anlageform mit Garantie zu wählen, wie etwa eine klassische Lebens- oder Rentenversicherung. So verbinden Sie nur eine Garantieform mit einer anderen und kommen nie zu einem guten Ertrag. Denn Garantien kosten immer Geld – und zwei Garantien in einem Produkt kosten eben doppelt.

Noch mal zurück zur eigentlichen Bruttobeitragsgarantie: Die Gesellschaften, die Riester-Verträge anbieten, müssen diverse Sicherungsmaßnahmen ergreifen, um diese Garantie ausgeben zu können. Dadurch sind selbst bei Anlagen in Aktienfonds innerhalb eines Riester-Vertrages die Renditen, aber eben auch die Risiken begrenzt. Sollte es geschehen, dass am Ende der Laufzeit weniger Kapital als eingezahlt im Vertrag vorhanden ist, so muss die jeweilige Gesellschaft den Rest ausgleichen. Das klingt gut und sicher, zumal die Vertragspartner alle Gesellschaften mit einer guten Bonität sind.

Was bei dieser Betrachtungsweise offenbar niemand berücksichtigt hat, ist die Tatsache, dass es sich bei der Riester-Rente eben um eine Rente handelt. Dabei steht ja nicht das gesamte Kapital zur Verfügung, sondern nur eine aufgrund des Kapitals berechnete Rente. Diese Rente ist persönlich und nicht vererbbar.

Stehen am Ende im Vertrag 100.000 Euro, egal ob mit oder ohne Zinsen, dann erhält der Neurentner daraus eine monatliche Rente von rund 360 Euro. Was aber passiert, wenn der Vertragsinhaber nach einem Jahr verstirbt oder sogar noch kurz vor Rentenbeginn? Dann verfällt das Kapital – genau wie bei der gesetzlichen Rente auch. Zusatzbausteine wie eine Hinterbliebenen-Rente oder ähnliches zählen nicht, denn diese muss man für einen zusätzlichen Beitrag dazukaufen.

Wenn aber aus dem gegen hohe Garantiekosten erzielten Gesamtkapital nur ein kleiner Teil – oder mit Tod vor Rentenbeginn – gar nichts ausgezahlt wird, wo ist denn dann die Bruttobeitragsgarantie geblieben? Wieso werden Beiträge gegen den Verlust gesichert, aber im Gegenzug wird nicht sichergestellt, dass der Kunde auch etwas davon hat?

Die Bruttobeitragsgarantie in der Riester-Rente ist ein Beispiel für die manchmal fragwürdige werbliche Darstellung neuer Produkte.

Beworben und initiiert wurden diese Punkte in diesem Falle aber weniger von Vorständen der Versicherungswirtschaft als vielmehr von den Politikern, die die Riester-Rente erfunden haben.

21. Basis- oder Rürup-Rente

Die Rürup-Rente wurde als Ersatz für die Selbstständigen zur Riester-Rente erschaffen. Zwar können auch Angestellte die Rürup-Rente nutzen, aber Selbstständige eben nicht die Riester-Rente.

Während die Kunden der Riester-Rente eine jährliche Zulage zu ihren Verträgen erhalten, hat der Rürup-Kunde den Vorteil, die Beiträge von der Steuer abziehen zu können – und dies deutlich höher als bei anderen Vorsorgeverträgen, nämlich bis zu 20.000 Euro bei Singles und 40.000 Euro für Verheiratete. So haben gerade Selbstständige die Möglichkeit, auch größere Beträge für die Altersvorsorge steuerlich wirksam zur Seite zu legen.

Ein weiterer Vorteil liegt darin, dass man die Einzahlungen flexibel gestalten kann. In Jahren mit mehr Ertrag kann man also die 40.000 Euro voll ausschöpfen, im nächsten Jahr zahlt man dafür vielleicht nur 1.000 Euro ein. Diese Flexibilität kommt gerade den Selbstständigen sehr entgegen.

Eines der größten „Verkaufsargumente" ist jedoch der sogenannte Insolvenzschutz. Gelder, die in eine Rürup-Rente eingezahlt wurden, sind im Falle der Insolvenz oder auch für einen möglichen Hartz-IV-Bezug des Vertragsinhabers vor dem Zugriff der Behörden geschützt. Dieses Geld wird nicht wieder ausgezahlt. Es hat somit denselben Status wie die gesetzliche Rente. Auch hierauf hat ja weder ein Gläubiger eines Unternehmers noch das Sozialamt Zugriff.

Während der Einzahlungsphase ist das Kapital so tatsächlich sicher. Nicht geschützt ist dagegen die spätere Auszahlungsphase. Erhält der Kunde später aus dem Vertrag eine monatliche Rente und hat noch Verbindlichkeiten, dann erhöht diese Rente selbstverständlich sein pfändungsfähiges Einkommen. So können zumindest Teile der Rürup-Rente später noch zur Schuldentilgung dienen. Aber eben nur die Renten, nicht das angesparte Kapital.

Ein echter Nachteil für viele ist die Tatsache, dass die Rente eine Rente ist. Eigentlich nichts Ungewöhnliches – und auch bei der gesetzlichen Rente würde niemand etwas anderes erwarten, aber das Gefühl verändert sich, wenn man freies Kapital anlegt. Dann ist der Wunsch nach Freiheit bei der Auszahlung ungleich höher.

Im Gegensatz zur gesetzlichen Rente kann man aber den Kapitalstock versichern. Das bedeutet, wenn Sie beispielsweise 200.000 Euro Kapital aufgebaut haben und entweder kurz vor oder nach Beginn der Rente versterben, können die Erben von Seiten der Versicherung das gesamte Guthaben ausgezahlt bekommen. Das ist deutlich beruhigender, als vielleicht 20 Jahre lang auf Konsum verzichtet zu haben, und im Todesfall profitiert niemand davon; bzw. die einzigen die von Ihrem Tod profitieren, sind die Aktionäre der Versicherungsgesellschaft.

Auf der anderen Seite ist es ein ebenso beruhigendes Gefühl, mit einem Teil seines Kapitals eine feste monatliche Rente aufbauen zu können – und diese später für den Rest des Lebens zu genießen. Es könnte ja auch anders laufen, nämlich, dass man alt wird. Und wer weiß, welche Pillen die Pharma-Industrie noch entwickeln wird, sodass man froh sein kann, dass die Rente kein Verfallsdatum hat.

22. Betriebliche Altersversorgung

Eine andere Form der geförderten Altersvorsorge ist die betriebliche Altersvorsorge. Auch hier gilt das Prinzip der Förderung in der Sparphase und der späteren Besteuerung der Rente. Anders als die Riester-Rente ist die Betriebsrente jedoch durch ihre fünf verschiedenen Förderwege etwas flexibler. Die fünf Formen sind die Direktversicherung, die Pensionskasse, der Pensionsfonds, die Unterstützungskasse und die Pensionszusage. Daneben gibt es noch das Zeitkontenmodell. Der Nachteil der betrieblichen Altersversorgung ist, dass die Form der Betriebsrente durch den Arbeitgeber bestimmt wird und der einzelne Arbeitnehmer zumeist wenig Einfluss darauf nehmen kann.

Für den Arbeitnehmer besteht seit Jahren ein Anspruch auf betriebliche Altersversorgung, das heißt, der Arbeitgeber ist verpflichtet, ihm diese – auf Nachfrage – anzubieten. Sorgt der Arbeitgeber für keine spezielle Form, hat der Arbeitnehmer Anspruch auf eine Direktversicherung. Dies ist die zumeist bekannteste Form, wohl auch die einfachste. Es wird eine Lebens- oder Rentenversicherung abgeschlossen, die vom Bruttolohn bezahlt wird. Dadurch entsteht ein steuerlicher Vorteil. Bei richtiger Konstellation kann der Arbeitnehmer auch noch die Sozialversicherung für diesen Sparbeitrag einsparen. So entstehen häufig Förderquoten von 50 Prozent. Sie zahlen also netto nur halb so viel ein, wie tatsächlich für Ihre Rente angespart wird.

Für den Arbeitgeber ist diese Form neben der hälftigen Ersparnis der Sozialversicherungen zumeist wenig lukrativ. Sie kostet ihn nichts, er hat aber auch nichts davon. Deutlich spannender sind dagegen andere Formen wie etwa die sogenannte Unterstützungskasse (U-Kasse). Hier hat die Firma deutlich größere Gestaltungsräume. Man kann bei der Unterstützungskasse nämlich nicht nur Versicherungen abschließen, sondern ist frei in der Anlage des Geldes für die spätere Rente, man könnte dafür auch Goldbarren oder Oldtimer kaufen, die als Wertersatz dienen und deshalb zugleich steuerlich abschreibungsfähig sind. Ein guter Steuerberater ist hier wahrlich Gold wert.

Sie sollten jedoch vermeiden, eine solche U-Kasse mit Hilfe ihres Steuerberaters selbst auf die Beine zu stellen. Die vertraglichen Gestaltungen sind sehr anspruchsvoll, sodass sogar die Profis sich hierfür zumeist externer Spezialisten bedienen. Bei der Installation einer U-Kasse in einem Unternehmen werden alle Bereiche von Recht und Steuern bis hin zur bilanziellen Gestaltung erfasst. Das macht es auf der einen Seite mit Sicherheit etwas anstrengend und ist durchaus mit Arbeit verbunden, lässt auf der anderen Seite dagegen viele Möglichkeiten entstehen, die zu einer positiven Beeinflussung der Liquidität und der Bonität eines Unternehmens führen.

Die Betriebsrenten sind auf unterschiedliche Art und Weise abgesichert, entweder durch die Art des Vertrages oder extern durch den Pensionssicherungsverein. Hierfür zahlt der Arbeitgeber einen laufenden Beitrag. Das ist besonders wichtig, denn es kann ja sein, dass Sie heute in einem Unternehmen arbeiten, das in 50 Jahren, wenn sie immer noch Rente erhalten, gar nicht mehr existiert.

Die Einrichtung einer Betriebsrente ist ein vielfältiges Unterfangen, bei dem etliche Aspekte überprüft werden müssen. Man benötigt Experten aus den Bereichen Arbeitsrecht, Vertragsrecht, Bilanzrecht und Geldanlage. Es ist jedenfalls kein Fall für den örtlichen Versicherungsvertreter. Wieso dennoch die meisten Betriebsrenten von Versicherungsgesellschaften eingerichtet wurden, können einem wohl auch die Unternehmer nicht erklären, die diese Verträge abgeschlossen haben.

Deshalb raten selbst wir unseren Firmenkunden dringend dazu, bei diesen Fragen einen ausschließlich auf Betriebsrenten spezialisierten Fachberater hinzuzuziehen, der für das Unternehmen ein individuelles Konzept erstellt. Denn nur ein Fachmann kann ein von Gesellschaften und Förderwegen unabhängiges Konzept anfertigen. Aber genau das sollten die Unternehmer sich gönnen. Schließlich geht es nicht nur um die Renten für die Mitarbeiter, sondern auch um die eigene Versorgung für sich selbst und für die Familie des Unternehmers.

23. Lebensversicherung

Die Lebensversicherung wird auch unter Finanzfachleuten als „des Deutschen liebstes Kind" bezeichnet. Mal ganz ehrlich, wollen Sie so ein Kind? Ein Kind, das aus einigen Zetteln besteht, das 30 Jahre lang im Ordner eingesperrt wird und von dem Sie nicht wissen, was es eigentlich während dieser 30 Jahre tut?

Wahrscheinlich beschleicht Sie bei dem Gedanken auch eher ein mulmiges Gefühl. Die Wahrheit aber ist, dass es in Deutschland mehr Lebensversicherungen als Menschen gibt. Das heißt, jeder hat *mindestens* eine solche Police. In Summe sind es über 90 Millionen Verträge. Woran liegt das? Und können sich so viele Menschen wirklich irren – oder es ist am Ende vielleicht doch die ideale Geldanlage?

In der „guten alten Zeit" war die Lebensversicherung sicher auch im Vergleich nicht die Anlage mit den höchsten Zinsen, aber sie war solide. Sie bot dem Sparer einen ordentlichen Zins, die Raten wurden bequem vom Konto abgebucht, man musste sich um nichts kümmern. Und am Ende des Arbeitslebens gab es eine hübsche Summe, die man ohne die Lebensversicherung wahrscheinlich nie gehabt hätte, weil andere Sparformen immer schon vorher eingestellt oder gekündigt wurden. Nur die Lebensversicherung mit ihren extrem hohen Kosten und den Nachteilen beim vorzeitigen Verkauf, die wurde behalten und durchgehalten. Insoweit ist der Sparzwang bei einer Lebensversicherung durchaus positiv zu sehen.

Heute haben sich der Markt und damit die Attraktivität der Lebensversicherung deutlich gewandelt. Das hat eine Reihe von Gründen. Da sind in erster Linie sicher die niedrigen Zinsen zu nennen. Diese führen heute mehr denn je zu unbefriedigenden Ergebnissen. Der Grund hierfür ist der Gesetzgeber, der den Gesellschaften keine

Möglichkeit zu einer freien Geldanlage verschafft. Mögen die Manager auch noch so viele gute Geldanlagen auf der Erde kennen, mit dem Geld der Lebensversicherungskunden dürfen sie dort nicht investieren. Das ist kein Zufall.

Die Lebensversicherung ist verpflichtet, den Großteil ihres Kapitals in Wertpapieren mit höchster Bonität anzulegen, ob diese nun Zinsen zahlen oder nicht. Und wer hat in Deutschland die höchste Bonität? Genau, der Staat. Und so zählen die Versicherungen heute zu den größten Kapitalgebern der Regierung, indem diese die Bundeswertpapiere kaufen, die umgangssprachlich ja nichts anderes als die Schulden des Staates sind. Für den Staat und die Regierung ist das natürlich eine unendlich bequeme Lösung. Sie machen Schulden und sind dann auch diejenigen, die den Finanziers dieser Schulden vorgeben dürfen, zu welchen Bedingungen sie diese die Schulden aufnehmen und zurückzahlen sollen.

Die Inflexibilität des Produktes ist ein anderes Problem. Wenn Sie nach 30 Jahren Ihre vereinbarte Auszahlung erhalten und die Gesellschaft Sie zu 100.000 Euro Kapital beglückwünscht, dann können Sie sich entscheiden, ob Sie sich die 100.000 Euro auf einmal auszahlen lassen oder aber eine Rente von rund 360 Euro im Monat bevorzugen. Mischformen sind zumindest in den alten Verträgen nicht vorgesehen. Dabei wäre es doch viel sinnvoller, beispielsweise 20.000 Euro Kapital zu nutzen, um damit eine Weltreise zu machen, und dann den Rest monatlich zu entnehmen. Oder Sie stellen nach Bezug der Rente fest, dass Sie jetzt unerwartet eine größere Reparatur am Haus bezahlen müssen, dann können Sie nie wieder auf das Kapital zugreifen, selbst wenn Sie künftig auf die Rente verzichten würden. Das ist nicht mehr zeitgemäß.

Menschen wollen und benötigen heute mehr Freiheiten und Lösungen, als dies noch vor 30 oder 40 Jahren der Fall war. Moderne

Lebensversicherungen sind da zum Teil deutlich besser aufgestellt. Hier sind Varianten möglich, die man bislang nur von einigen wenigen fondsgebundenen Policen kannte.

Ein weiteres Thema war zumindest im Jahr 2014 das der Bewertungsreserven. Während früher die Versicherer diese Reserven meist nur für sich verwendet haben und freie Vermögenswerte in Milliardenhöhe aufbauen konnten, erfolgte eine Gesetzesänderung, dass die Gesellschaften heute die Kunden, deren Verträge auslaufen oder die diese kündigen, an den sogenannten Bewertungsreserven zu mindestens 50 Prozent beteiligen müssen. Das ist jedoch kein Geld, das auf dem Konto liegt. Darunter fallen etwa abgeschriebene Immobilien oder zurzeit noch viele Wertpapiere, die mit höheren Zinsen gekauft wurden und die heute aufgrund der Niedrigzinsphase einen höheren Wert haben. Um nun Kunden daran zu beteiligen, bleibt einem vielfach nichts anderes übrig, als genau diese guten Papiere zu verkaufen.

Was für den Moment gut klingt, rächt sich dann aber im Nachhinein. Denn die Kunden, die eben nicht kündigen, sondern erst noch im Aufbau ihrer Altersvorsorge begriffen sind, denen gehen diese Papiere verloren. Ihnen bleiben nur noch neue Wertpapiere mit Niedrigzinsen. Die Krux an dieser Gesetzeslösung ist es, mal wieder alles über einen Kamm geschert zu haben. Da werden Kunden, die seit 40 Jahren brav sparen, genauso behandelt wie diejenigen, die ihre Lebensversicherung nach wenigen Jahren kündigen. Warum ausgerechnet vertragsuntreue Kunden nun zu den Gewinnern dieser Regelung gehören, das muss sich einem nicht erschließen.

Und jetzt hat der Gesetzgeber reagiert: Er hat seine alte Regelung aus der Reform des Versicherungsvertragsgesetzes VVG aus dem Jahr 2008 korrigiert. Danach mussten die Versicherer jeden Kunden zur Hälfte an den Bewertungsreserven beteiligen. Dabei waren diese insbesondere bei Wertpapieren nur von vorübergehender Dauer. Zuletzt führte das zu einem Schlussverkauf bei Lebensversicherungen – rückwärts. Denn anders als zu Zeiten, wo die Steuerfreiheit bei Lebensversicherungen abgeschafft werden sollte und daher viele Kunden noch einen solchen Vertrag abgeschlossen haben, verlassen nun viele die Gesellschaft und kündigen ihren Vertrag, um so schnell noch von den Bewertungsreserven zu profitieren. Manchmal muss man sich bei einem solchen Vorgehen wirklich fragen, ob den Politikern nicht nach all den Jahren klar geworden ist, dass es zu den einfachsten und menschlich nachvollziehbaren Bedürfnissen gehört, Dinge behalten zu wollen, die einem weggenommen werden sollen. Allein durch diese doppelte gesetzliche Regelung (2008 mehr Bewertungsreserven, 2014 weniger Bewertungsreserven) haben nun zehntausende von Kunden ihre angesparte Altersversorgung aufgekündigt. Häufig, ohne einen alternativen Vertrag neu zu beginnen. Am Ende führt das jetzt dazu, dass die Menschen weniger Altersvorsorge betreiben. Die Gebühren für die Verträge haben die Versicherer natürlich dennoch eingenommen.

Es gibt noch einen weiteren Aspekt, den man berücksichtigen sollte: Durch immer neue gesetzliche Eingriffe ändert sich immer wieder der Garantiezins. Während er früher bei 4 Prozent lag, gewähren die deutschen Versicherer ihren Kunden nur noch einen Garantiezins von 1,25 Prozent.

Dabei verwechseln viele Verbraucher den Garantiezins mit einer Garantierendite. Das ist nicht dasselbe. Der Unterschied liegt insbesondere in den Kosten. Denn die Versicherer zahlen die 1,25 Prozent auf das Kapital, welches für die Kunden zur Anlage vorhanden ist. Im Vorwege wurden jedoch zunächst die Kosten abgezogen. Darunter fallen nicht nur Abschlusskosten, sondern auch die Kosten für die laufende Verwaltung des Vertrages. Bezieht man die gesamten Kosten einer Gesellschaft auf die Einzahlungen, dann kommt man häufig auf Kosten von 1 Prozent bis 1,5 Prozent pro Jahr. Andere Berechnungen kommen sogar auf höhere Kostenquoten. (Laut eines Artikel in DIE ZEIT vom 6.11.2014 hat die Hochschule Ludwigshafen im Durchschnitt eine laufende Kostenquote von 2,3 Prozent ermittelt.)

Auf Deutsch gesprochen bedeutet das, dass Sie einen Vertrag mit einer garantierten Verzinsung abschließen können, um am Ende dennoch weniger herauszubekommen, als Sie eingezahlt haben. Deswegen sind „die neuen" Lebensversicherungen ohne Garantie gar nicht so schlecht. Diese sprechen „nur" noch eine Beitragsgarantie aus, bieten aber keine Mindestverzinsung mehr. Die Empörung der Presse war am Anfang groß. Der Vertrag ist aber wenigstens ehrlich. Und er hat einen weiteren Vorteil: Wer keine Mindestverzinsung anbietet, braucht die Kosten dieser Garantie künftig nicht mehr aufwenden. Die Anlagemöglichkeiten in diesen Policen verbessern sich deutlich. Ein kleiner Lichtblick am Himmel der deutschen Lebensversicherungen.

24. Gold

Die Geister scheiden sich daran, ob Gold nun eine Geldanlage ist oder nicht. Am Ende spricht mindestens so viel dafür wie dagegen. Die Kurse haben sich in den vergangenen Jahren bis Mitte 2015 von unter 300 US-Dollar auf über 1200 Dollar im Grunde genommen fantastisch entwickelt. Andererseits gab es auch hier Zeiten, in denen sich der Goldpreis halbiert hat. Wie bewertet man nun eine Anlage, die sich im Laufe eines Zeitraums zwischenzeitlich verdoppelt, aber genauso im gleichen Zeitraum mittendrin wieder halbiert?

Gold ist keine klassische Geldanlage, sondern es gilt entweder als Rohstoff oder als Sicherheitsreserve. Der Begriff „Rohstoff" sollte allgemeinverständlich sein. Aber was bedeutet „Sicherheitsreserve"? Wir leben mit einem weltweiten Finanzsystem, das aktuell extrem künstlich aufgepumpt ist. Das ist auch dem interessierten privaten Investor spätestens mit Ausbruch der Finanzkrise klar geworden. Die Banken und das gesamte Finanzsystem sind nicht, wie früher üblich, dank eines realen Ertrags gewachsen und haben sich so entwickelt, sondern aufgrund einer exorbitanten Geldmengenvermehrung und zu einem nicht unerheblichen Teil mithilfe von (fragwürdigen) Hebelgeschäften.

Gold war früher auch die Sicherungsreserve für Geld. Das bedeutet, dass für jeden Geldschein, der gedruckt wurde, der gleiche Wert an Gold vorhanden war. So hatte das Geld immer einen realen Wert und konnte nicht in beliebiger Menge gedruckt werden. Das ist jedoch schon lange nicht mehr der Fall.

Heute gibt es ein Vielfaches an Geld ohne jeden realen Wert. Insofern ist Gold heute umso mehr eine Sicherungsreserve, denn diese wird im Gegensatz zum Geld vermutlich immer einen Wert auf diesem Planeten haben – und das überall auf der Welt. Das ruft natürlich viele Anleger, aber auch viele Anbieter auf den Plan, die hier ein Geschäft wittern. Da finden sich heute nicht nur Juweliere, die „Goldankauf" offerieren, und nicht allein Banken bieten Münzen und Barren als die sicherste Geldanlage an.

Spezielle Anbieter offerieren sogar Sparpläne für Gold – zu angeblich besonders günstigen Konditionen und mit absolut sicherer Verwahrung in Schweizer Bergtresoren. Derzeit bilden sich ganz neue Strukturvertriebe. Dort werden unbedarfte Menschen angeworben, um sie in Wochenendseminaren zu „Goldverkäufern" auszubilden. Das hat am Ende nichts mehr mit einer Geldanlage zu tun. Zumal diese Vermittler wie früher weder eine Ausbildung haben noch überprüft werden oder gar einen Versicherungsschutz gegen Falschberatung haben. Leider gibt es für den Verkauf von Gold keine Zulassungsbeschränkungen. Kann es sein, dass sich ausgerechnet diejenigen, die die hohen Anforderungen der modernen Finanzindustrie nicht mehr einhalten können, jetzt neue Betätigungsfelder wie den Goldverkauf suchen?

Solange alle Beteiligten mitspielen und es sich für die Anbieter positiv entwickelt, funktionieren solche Lösungen. Die Bundesanstalt für Finanzdienstleistungsaufsicht (BAFin) hat gerade 2015 einem Anbieter für Goldanlagen wegen verbotener Finanzgeschäfte den Vertrieb geschlossen. Andere haben von sich aus das Geschäft beendet.

Versuchen Sie sich einfach mal vorzustellen, wie Sie mit einem Zettel in der Hand, auf dem Ihre angeblich gekauften Gramm an Gold notiert sind, in die Schweiz fahren und dem Pförtner am Hochsicherheitstresor erklären müssen, dass Sie gern Ihre paar Gramm Gold abholen wollen. Das nächste Problem wird sein, dass diese Gesellschaften das Gold kiloweise gekauft hat. Sie müssen also eine

Säge mitbringen, um die **Menge**, die Ihnen zusteht, vom großen Barren abzutrennen. Wenn die Gesellschaft, bei der Sie das Gold gekauft haben, gar nicht mehr tätig ist, wird die Durchsetzung Ihrer Ansprüche insbesondere in der Schweiz extrem schwierig.

Interessanter ist da schon die Idee einer pfiffigen Agentur, die einen Goldtresor aufstellt. Dort können Sie tatsächlich mit Geld bezahlen, ob bar oder mittels Kreditkarte, und sofort Ihren Goldbarren mitnehmen. Genauso wie am Bahnhof, wo Sie Süßigkeiten oder Getränke am Automaten bekommen. Der Preis wird via Internet ständig an den aktuellen Goldpreis angepasst. Die Gewinnmarge ist überschaubar und Sie erhalten real und sofort vor Ort Ihr eigenes Gold.

25. Unternehmerische Beteiligung

Die unternehmerische Beteiligung, die viele auch noch als geschlossene Beteiligung kennen, ist eine Anlage, die zumeist in der Rechtsform einer Kommanditgesellschaft auftritt. In den 1970er- und 1980er-Jahren gab es auch manche geschlossene Beteiligung in Form der Gesellschaft bürgerlichen Rechts (GbR), die aber aufgrund des deutlich höheren Haftungsrisikos in den vergangenen 20 Jahren völlig ausgestorben ist.

Die Kommanditgesellschaft (KG) ist eine Personengesellschaft mit mindestens zwei Personen – einem Komplementär als sogenanntem Vollhafter, also dem, der mit seinem gesamten persönlichen Vermögen haftet, und mindestens einem Kommanditisten, der nur mit seinem eingesetzten Kapital haftet.

Die Anleger sind im Rahmen einer Beteiligung als Geldanlage immer sogenannte Kommanditisten. Sie beteiligen sich mit einer festgelegten Summe an Kapital. Wenn die Anlage und das Projekt, in das investiert werden soll, nicht funktioniert, scheitert oder am Ende in die Insolvenz rutscht, dann kann somit das Kapital des Anlegers verloren gehen. Er muss aber nicht befürchten, dass er später auch noch Teile seines weiteren Vermögens investieren muss.

In letzter Zeit kam immer wieder das Thema „Nachschusspflichten" auf oder die Frage, warum man Zinsen, die man bereits erhalten hatte, wieder zurückzahlen muss. Ist die eben beschriebene Beschränkung auf das eingezahlte Kapital vielleicht doch nicht so ganz richtig oder gibt es davon vielleicht Ausnahmen?

Nein, die Aussage ist korrekt und es gibt auch keine Ausnahmen. Aber im richtigen Leben gibt es manchmal mehrere Seiten einer Medaille.

Ein Beispiel: Sie haben sich an einer großen Immobilie beteiligt, die 10 Mio. Euro gekostet hat. Diese umfasst mehrere Büros. Die größte Einzelfläche war langfristig vermietet, der Mietvertrag ist aber nun ausgelaufen. Plötzlich fehlen jährlich 100.000 Euro Einnahmen. Jetzt können die gewohnten Ausschüttungen nicht mehr geleistet werden, weil nicht genügend Geld eingenommen wird. Da die Kosten aber weiterlaufen, gerät das gesamte Projekt in Schieflage.

Jetzt könnte das Fondsmanagement die Anleger auffordern, die zuletzt gezahlten Ausschüttungen wieder zurückzuüberweisen, weil man diese für die laufenden Kosten benötigt. Oder man könnte auch eine Versammlung einberufen und darlegen, dass man einen neuen Mietinteressenten hat, der bereit ist, die freie Fläche für zehn Jahre sogar zu einem höheren Mietzins zu übernehmen, wenn man einige Umbaumaßnahmen durchführt. Die Kosten hierfür müssten aber von den Anlegern im Rahmen einer Sonderumlage übernommen werden.

Eine solche Situation wäre sicher nicht besonders wünschenswert, ist aber durchaus denkbar. Dann muss man nicht jubeln, aber auch nicht gleich verzweifeln.

Zum Vergleich: Jemand, der privat mehrere Mietwohnungen besitzt und vermietet, würde wahrscheinlich auch bei Leerstand einer Wohnung die Miete der anderen Wohnungen dafür verwenden, die laufenden Kosten der leeren Wohnung zu bezahlen. Und wenn dann eine Wohnung renoviert werden muss, um diese wieder neu und sogar besser vermieten zu können, würden die meisten dieses Geld investieren und nicht versuchen, die Wohnung im schlechten Zustand weiterzuvermieten.

So ähnlich ist es bei Beteiligungen in einer KG auch. Die Erträge, die man erhält, sind eben keine Zinsen, sondern sind Ertrag aus der Anlage. Weil man als Kommanditist Miteigentümer ist, muss man alles aufwenden, was man aus dieser Anlage erhalten hat, um diese am Leben zu halten. Problematisch ist daran, dass viele Menschen dies noch nie so gesehen haben und dass viele Berater oder Vermittler ihren Kunden den Unterschied zwischen Zins und Ertrag nicht vermittelt haben.

Eine Nachschusspflicht gibt es dagegen nicht. Es ist und bleibt die Entscheidung der Anleger, ob sie weiteres Kapital investieren möchten oder nicht. Schießen sie kein Geld nach, geht die Beteiligung möglicherweise in die Insolvenz. Besonders bitter ist es natürlich dann, wenn es einen Nachschuss gibt und die Insolvenz trotzdem nicht verhindert werden kann.

Manchmal lohnt es sich aber auch, Geld nachzuschießen, um neue Einkommensquellen zu erschließen. Man sollte nur wissen, was man tut. Der Kauf eines KG-Anteils ist eine unternehmerische Beteiligung. Dort gibt es Höhen und Tiefen, wie im ganz normalen Leben auch.

Künftig werden diese Anlagen als sogenannte AIF gekennzeichnet. Das sind alternative Investmentfonds, die immer noch in Form einer KG aufgelegt werden. Der Unterschied zu früheren Anlagen ist jedoch, dass diese mittlerweile vollständig reguliert und staatlich kontrolliert werden. Durch das Kapitalanlagengesetzbuch (KAGB) haben wir in Deutschland seit Juli 2013 eine völlig neue Welt erschaffen. Während früher diese Geldanlagen vollkommen ohne staatliche Kontrolle beworben werden konnten, herrscht jetzt Dauerkontrolle. Der sogenannte graue Kapitalmarkt ist Geschichte.

Seit 2013 müssen die Kapitalgesellschaften eine Vielzahl von Regularien erfüllen, ohne die sie kein Kapital am Markt einsammeln dürfen. So müssen sie nicht nur einen Prospekt der BAFin (Bundesanstalt für Finanzdienstleistungsaufsicht) zur Kontrolle vorlegen, sie müssen auch fachlich versiertes Personal mit Erfahrung für diese Art von Anlagen vorhalten. Es gibt einen Aufsichtsrat und eine separate Kapitalverwaltungsgesellschaft. Die Ankäufe von Anlageobjekten werden vorher von einem Gutachter geprüft. Insgesamt gibt es mindestens ein 14-Augen-Prinzip. Die Gesellschaften werden seitdem genauso wie Banken kontrolliert. Man darf also erwarten, dass die teilweise schlechten Erfahrungen endgültig der Vergangenheit angehören. Ganz sicher kann man sein, dass diejenigen, die unlautere Absichten haben, sich künftig einen anderen Markt suchen werden. Die unternehmerischen Beteiligungen sind nun endgültig erwachsen geworden.

26. Genussrechte

Genussrechte sind eine Form der Geldanlage, die unbestimmt ist. Das bedeutet, es gibt keine festgelegten Regeln, wie ein Genussrecht auszusehen hat. Es herrscht Vertragsfreiheit. Aus diesem Grund kann man keine allgemeine Aussage dazu treffen, ob ein Genussrecht nun gut oder eher schlecht als Geldanlage geeignet ist.

Zunächst ist es der schöne Begriff, der viele zu dieser Form der Anlage greifen lässt. Rechte möchte jeder gern haben – und wenn diese dann noch mit Genuss verknüpft sind, umso besser. Allein von diesem schönen Wort sollte man sich aber nicht blenden lassen.

Ein Genussrecht ist in der Regel einfach nur ein schnöder Kredit. Ein Kredit, den Sie einem Unternehmen geben. Wenn eine Bank einem Unternehmen einen Kredit gibt, wonach fragt sie dann als erstes? Richtig – nach Sicherheiten. Bekommt sie keine Sicherheiten, dann gibt es auch keinen Kredit. Als Anleger in einem Genussrecht bekommen Sie jedoch zumeist keine Sicherheiten. Warum also sollten Sie der Firma einen Kredit geben?

Es könnte beispielsweise sein, dass es Unternehmenspolitik ist, keine Bankdarlehen aufzunehmen. Lieber zahlen einige an Anleger einen guten Zins, nur um sich nicht in die Fänge einer Bank zu begeben. Eine Bank nimmt ja viel stärker Einfluss auf das Management und auf die Ausgaben, als dies die Anleger tun könnten und wollten.

Andererseits muss man eben sehr genau schauen und prüfen, wie die Verträge aussehen und wie die Firma aufgestellt ist. Ein finanzieller Einstieg nur aufgrund eines Prospektes oder des guten Zinssatzes wegen ist ein hohes Risiko.

Im Gegensatz zur KG ist man beim Genussrecht nicht Teilhaber des Unternehmens. Ihnen gehört also nichts. Und auch dieser Umstand kann gut oder schlecht sein. Da die Ausschüttungen hier jedoch Zinsen und keine Erträge sind, kann es bei dem Genussschein nicht zu einer Verpflichtung zur Rückzahlung kommen. Zinsen, die Sie einmal bekommen haben, verbleiben so auf jeden Fall bei Ihnen.

Das Thema der Betrachtung der Verträge kann man gut am Beispiel Prokon nachvollziehen. Der Windkraftbetreiber Prokon war bis zum Jahr 2014 der größte Herausgeber von Genussrechten, mit insgesamt über 1,4 Mrd. Euro. Nun ist das Unternehmen bankrott. Und das liegt nicht an den angeblich zu hohen Zinsen, wie Sie es in der billigen Presse lesen können, sondern an der ungünstigen vertraglichen Konstruktion, ein Grund, warum ich als Anlageberater schon vor über zehn Jahren davor gewarnt haben, bei Prokon einzusteigen.

Es waren zwei Punkte, die zur Katastrophe geführt haben: Zum einen gab es mehrere Gesellschaften. Das Geld wurde in einer Vertriebsgesellschaft eingesammelt. Diese verlieh das Geld an eine Verwaltungsgesellschaft und die wiederum verlieh das Geld an eine Betreibergesellschaft, die schließlich das Windrad kaufte. Dabei warb man jedoch damit, dass die Anleger sich an Windrädern beteiligen und so von der staatlichen Garantie über 20 Jahre nach dem EEG (Gesetz für erneuerbare Energien) profitieren können.

Exkurs EEG: Das Gesetz für erneuerbare Energien sichert demjenigen 20 Jahre lang einen festen Ertrag zu, der Strom in das öffentliche Netz einspeist. So können diejenigen, die eine Solaranlage, ein Windrad oder eine Biogasanlage besitzen, Strom erzeugen. Diesen Strom verbrauchen sie zumeist nicht selbst, sondern speisen ihn in das öffentliche Netz ein. Der örtliche Anbieter, ob Vattenfall, RWE oder EON, muss dafür über 20 Jahre hinweg einen festgelegten Preis zahlen, der deutlich über dem eigentlichen Strompreis liegt. Der Gesetzgeber bestimmt über das EEG, wie hoch der Preis für die eingespeiste Kilowatt-Stunde ist. So wollte man die ökologische Stromerzeugung fördern. Für die Betreiber einer solchen Anlage war und ist das bis heute ein lohnendes Geschäft.

Bei der Prokon bekam jedoch in Wahrheit nur die Betreibergesellschaft diese Garantie und nicht die Anleger. Fällt nun aus irgendeinem Grund eine der Gesellschaften in der Kette aus, kommt kein Geld mehr bei den Anlegern an, denn diese haben gegen EON & Co keinerlei Ansprüche. Es gab auch keine Patronatserklärung, mit der die Betreibergesellschaft garantiert hätte, dass sie die Erträge aus dem Stromertrag an die Anleger auszahlt. Das war eine ganz große Schwäche und hätte schon jeden Anleger von der Investition abhalten sollen.

Die zweite große Schwäche – und die hat nun auch zur Insolvenz geführt – war, dass Geld eingesammelt wurde, das zum Aufbau eines neuen Windrades dienen sollte, welches mindestens 20 Jahre feste Erträge liefert. Gleichzeitig bot man den Anlegern an, dass jeder nach sechs Monaten sein Geld zurückerhalten könne.

20 Jahre Geldanlage gegen sechs Monate Rückzahlungsoption – wie soll das gehen? Wenn mit dem Geld der Anleger ein neues Windrad erstellt wurde und nun ein Anleger sein Geld wiederhaben wollte, wo sollte das nur herkommen? Natürlich von neuen Anlegern. Wenn ich aber das Geld der neuen nehme, um das Geld der alten zurückzuzahlen, dann ist das ein Schneeballsystem klassischer Art.

Das Problem war und ist nicht der Zins. So ein Windrad erzielt schon einen Ertrag von weit über 8 Prozent p.a. Wenn man es einfach laufen lässt, funktioniert das immer. Nur irgendwann wurden die Presseberichte immer schlechter, die Menschen wurden immer mehr verunsichert und als schließlich immer schneller immer mehr Kunden ihr Geld zurückverlangten, da platzte das System sehr schnell.

Die Verleumdungen, denen sich allerdings einige Anleger im Nachhinein ausgesetzt sahen – dass sie selbst schuld seien, weil sie so gierig waren –, sind völlig ungerechtfertigt. Denn der Zins war ja nicht das Problem. Aus diesen genannten Gründen war es aber für uns als Profis schon lange klar, hier keine Anlagen zu tätigen, weil man grundsätzlich langfristige Anlagen nicht mit kurzfristigem Geld bezahlt.

Das Tragische nach solch gescheiterten Projekten und viel verbranntem Geld ist eigentlich nur, dass jeder, dem man das so einfach erklärt, die Probleme binnen zehn Minuten hätte verstehen können. Warum also investieren dann zehntausende Menschen ihr Geld und sind dann am Ende auch noch schockiert, wütend und traurig, wie es ausgeht? Mit der richtigen vertraglichen Konstruktion könnten alle Beteiligten noch immer einen guten Beitrag zum Aufbau erneuerbarer Energien leisten.

27. Nachrangdarlehen

Das sogenannte Nachrangdarlehen oder qualifizierte Nachrangdarlehen ist eine ganz neue Form der Geldanlage. Zumindest der Name ist neu, wenn auch der Inhalt etwas sehr Etabliertes ist.

Wie der Name schon sagt, handelt es sich um ein Darlehen. Im Gegensatz zum Genussrecht versucht man hier gar nicht erst, dem Kind eine glitzernde Hülle zu geben. Ganz im Gegenteil. Das Wort „Nachrang" beinhaltet sogar einen weiteren Nachteil, nämlich, dass die Geldgeber hier erst am Ende der Kette nach allen anderen ihr Geld bekommen.

Deswegen gilt auch hier das Gleiche wie in den vorangegangenen Kapiteln, nämlich, dass man den Inhalt und die Verträge sehr genau prüfen muss. Man muss genau wissen, was das Unternehmen macht, wie es gemacht wird und wer die handelnden Personen sind. Danach muss man die vertraglichen Konstruktionen prüfen und erkennen, wie das Geld wohin und aus welchen Gründen fließt.

Nun gibt es aber auch diverse Anbieter, die neben dem Einwerben des Nachrangdarlehens überhaupt keine weiteren Verbindlichkeiten aufnehmen. Ist das der Fall, so heißt das Nachrangdarlehen immer noch so, ist aber de facto eigentlich keines mehr, denn den Anlegern sind keine anderen Geldgeber mehr vorgeschaltet. Sie stehen also sozusagen gemeinsam hinten – aber in einer Reihe.

Sollten Sie jedoch ein Nachrangdarlehen finden, bei dem der Emittent beispielsweise ein Haus oder einen Solarpark kauft, und von der Bank 70 Prozent des Geldes günstig bekommt und die restlichen 30 Prozent über ein Nachrangdarlehen einwirbt – Hände weg. Bei einem Notverkauf wird das Objekt später für 70 Prozent des Wertes zwangsversteigert. Dann bekommt die Bank ihr Geld und die Anleger gehen komplett leer aus.

Gibt es nur Anleger, die Geld geben, und ist die Sache, die damit finanziert werden soll, gut und nachvollziehbar, so kann auch ein Nachrangdarlehen eine gute Geldanlage sein.

Dabei hat das Darlehen natürlich auch Vorteile: Die Zinsen sind in der Regel festgeschrieben, also garantiert. Die Gesellschaft hat nur die Chance, im Falle einer Insolvenz die Zinsen zu senken oder zu streichen, aber nicht um etwa selbst mehr verdienen zu können. Die Rückzahlung des Kapitals ist in gleicher Weise gesichert. Es gibt keine Nachforderungen wie bei den alten Kommanditbeteiligungen, wo Kunden die Zinsen beziehungsweise die Erträge der vorange-gangenen Jahre wieder zurückzahlen mussten — und obendrauf ihr Geld verloren. Beim Nachrangdarlehen handelt es sich um echte Zinsen, die Sie, sobald Sie diese erhalten haben, in jedem Fall be-halten können.

Da es steuerlich gesehen Zinsen sind, greift hier ein weiterer Vor-teil, nämlich die Abgeltungssteuer. Anders als bei Spekulationsge-winnen von Immobilien, bei Erträgen einer Solaranlage oder eines Windrades oder Einkünften aus geschlossenen Beteiligungen, bei der die Steuer häufig mit dem Spitzensteuersatz von 45 Prozent ins Gewicht fällt. Zinsen werden dagegen nur mit Abgeltungssteuer von 25 Prozent zuzüglich Solidaritätszuschlag und Kirchensteuer veranschlagt. So spart derjenige, der echte Zinsen statt Einkünfte aus Beteiligungen erzielt, bis zu 20 Prozent an Steuern auf seine Einkünfte. Bei hohen Einkünften ein nicht unerheblicher Vorteil.

Und selbstverständlich gehören auch die Nachrangdarlehen zu den regulierten Produkten und auch diese werden künftig nur noch mit neuen Prospekten angeboten, die umfangreich von der BAFin kontrolliert werden. Alle Produkte, die mit einer entsprechenden Zulassung von einem Finanzanlagen-Fachmann angeboten werden, steigern sich künftig von Jahr zu Jahr. Am Ende werden wir eine deutliche Verbesserung in der Produktwelt erleben.

28. Beratungsprotokoll

Seit 2008 ist es in der Versicherungsberatung Pflicht und auch bei der Geldanlage muss heute jede Beratung schriftlich protokolliert werden. Dabei sind die gesetzlichen Pflichten allerdings zumeist noch höher als das, was in der Praxis umgesetzt wird. Viele Berater und auch die Kunden tun sich immer noch schwer mit diesem Thema.

Den Grund für diese Regelung kann man leichter verstehen, wenn man ein paar Jahre zurückgeht. Wenn die unbedarfte „Tante Käthe" bei der Bank saß und der eloquente Bankmitarbeiter sie zum Erwerb der Lehman-Zertifikate überredete, obwohl sie in den vorangegangenen 30 Jahren immer nur Bundesschatzbriefe gekauft hatte, dann sollten spätestens Tante Käthes Erben die Bank wegen Falschberatung verklagen können. Nach solchen Erfahrungen möchte man sicherstellen, dass es vor dem Kauf eine umfangreiche Aufklärung gibt, damit der Kunde verstehen kann, was die Zertifikate von den Bundesschatzbriefen unterscheidet. Dabei geht das Gericht in der Regel davon aus, dass der Bankmitarbeiter diese Aufklärung nicht geleistet hat, wenn es keine umfangreiche Dokumentation auf dem Beratungsprotokoll gibt.

Im Umkehrschluss bedeutet das jedoch in der Praxis, dass heute wiederum die Protokolle überdeutlich auf die Risiken hinweisen, weil man auf diesem Wege versucht, die Haftung zu begrenzen. Einen Mittelweg gibt es hier noch nicht. Grundsätzlich ist das Thema durchaus sinnvoll, denn es hat schon in der Vergangenheit Fälle gegeben, in denen Kunden von ganz sicheren Anlagen in spekulative Anlagen gewechselt haben, ohne dies wirklich zu wissen. Es ist ein Zwischenschritt zu mehr Sicherheit.

Dabei sollten sich Berater und Kunde die Zeit nehmen, auch Dinge in dieses Protokoll aufzunehmen, die tatsächlich besprochen wurden und die einem wichtig sind. Etwa, ob man über Auszahlungsoptionen gesprochen hat, ob diese Geldanlage nur eine von vielen ist, man durchaus bereit ist, hier mehr Risiko einzugehen oder ob man die Summe dringend in fünf Jahren benötigt, um dann den Hauskredit abzulösen.

Beide Parteien – Berater wie Kunde – müssen sich hier umstellen und mehr Sorgfalt auf die korrekte Darstellung der Situation aufwenden. Auch die Frage, warum man etwas getan hat, ist gerade bei mehreren Anlagen gleichzeitig nach Jahren sonst schwer zu beantworten. Da hilft es allen, wenn man es schriftlich fixiert hat. Denn dies gilt ja nicht nur in der Anlageberatung. Auch in anderen Berufen hat sich hier vieles verändert. Man denke nur an die Altenpflege: Dort müssen die Pfleger heute jede Pille und jedes Glas Wasser dokumentieren, die der Bewohner erhalten hat. Sie sehen, ganz so schlimm haben wir es in der Anlageberatung doch noch nicht getroffen. Den Kaffee zum Gespräch müssen Sie noch nicht protokollieren lassen.

Aber das Bewusstsein ändert sich. Dabei geht es gar nicht um Kontrolle oder darum, für einen Haftungsprozess Material zu sammeln. Vielmehr geht es darum, für den Berater und den Kunden eine Grundlage für eine dauerhafte Zusammenarbeit zu haben. Einen Fahrplan sozusagen. Und dieser wird von Mal zu Mal erneuert. So kommen im Laufe der Zeit neue Ideen hinzu und andere können abgehakt werden, weil diese sich in der Zwischenzeit erledigt haben. So gesehen, kann das Beratungsprotokoll zu einem sehr guten Hilfsmittel für alle Beteiligten werden.

Es wird noch eine Weile dauern, bis sich alle Berater und Kunden an diese Form der Dokumentation gewöhnt haben. Noch agieren auch

Anwälte, Verbände und Software-Hersteller sehr inhomogen, was die Vorgaben an Formulare angeht. Manche versuchen, alles aufzunehmen, andere, es kurz und knapp zu halten. Es braucht noch das eine oder andere Urteil des BGH, der irgendwann Richtlinien aufstellen wird, was nun wirklich in eine korrekte Dokumentation gehört. Bis es so weit ist, kursieren noch viele verschiedene Formulare. Und die sind, wie so häufig, nicht optimal. Wichtig wird für die nächsten Jahre erst einmal sein, überhaupt die Gespräche, Ihre Wünsche und die Vorschläge des Beraters festzuhalten.

29. Verbraucherzentralen

Die Verbraucherzentralen haben in Deutschland eine sehr starke Funktion und sind generell zu einer Art Kontrollinstanz geworden. Im Rahmen der Finanzberatung muss man allerdings genau hinschauen.

Die Verbraucherzentralen bieten an vielen Standorten mittlerweile auch eine Beratung zu Finanzfragen an. Das beginnt bei einem Seminar zur Baufinanzierung und endet bei der persönlichen Altersvorsorgeberatung.

Dabei vertreiben sie selbst keine Produkte. Somit soll sichergestellt werden, dass nicht etwa eigenes Verkaufsinteresse bei einer Beratung der Verbraucherzentralen im Vordergrund steht, sondern ausschließlich die Situation des Kunden. Wer nichts verkauft und auch keine Provision erhält, der kann frei und unabhängig seine Beratung wahrnehmen und auch der Kunde kann seinerseits ganz ohne Verkaufsdruck den Ausführungen folgen. So lautet zumindest das Credo.

Im Jahr 2014 hat der Gesetzgeber die Honorarberatung in Deutschland eingeführt. Das haben die Verbraucherzentralen immer gefordert. Im Grunde genommen haben sie sogar gefordert, die Provisionsberatung völlig abzuschaffen. Was ist der Hintergrund hierfür?

Dem Ganzen liegt der Glaubenssatz zugrunde, dass ein Verkäufer, der von einer Gesellschaft für einen vermittelten Vertrag eine Provision bekommt, sein eigenes Provisionsinteresse über das Wohl der Kunden stellt. Nur wenn jemand nichts verkauft, kann er frei und ungebunden beraten. Aber ist dies auch richtig?

Die persönliche Motivation eines Beraters ist sicher ein entscheidender Faktor. Das gilt für Berater, die Provisionen erhalten, vermutlich ebenso wie für Honorarberater oder Mitarbeiter der Verbraucherzentralen.

Mit der Beratung innerhalb der Verbraucherzentralen treten diese ausgerechnet in Konkurrenz zu den Honorarberatern, die sie selbst so vehement gefordert haben. Nun müssen allerdings die Honorarberater einige Voraussetzungen erfüllen, ähnlich wie auch die Produktvermittler. Dazu gehört eine fachliche Ausbildung, die Kontrolle durch einen Wirtschaftsprüfer und ein Versicherungsschutz in Millionen-Höhe gegen Falschberatung.

Kurios bis traurig ist die Tatsache, dass die Verbraucherzentralen zwar jahrelang die mangelnde Beratungsqualität angeprangert haben, aber seit der Gesetzgeber gehandelt hat und die Vorgaben für die Beraterszene nun festgeschrieben sind, weigern sich ausgerechnet die Verbraucherzentralen, ihre eigenen Mitarbeiter, die gegen Honorar eine Finanzberatung durchführen, mit einer Mindestqualifikation auszustatten. Ebenso wenig gibt es einen Versicherungsschutz gegen Falschberatung oder die Kontrolle durch irgendeinen Dritten. Und natürlich haften die Verbraucherzentralen auch nicht persönlich, wenn sie Kunden falsch beraten.

Die Verbraucherzentralen begründen das damit, dass sie keine Produkte vermitteln. Das tun Honorarberater jedoch auch nicht. Nun werden Verbraucherzentralen allerdings mit Steuergeldern bezuschusst. Wie kann es sein, dass eine Institution immer wieder die Honorarberatung fordert, sich dann aber in direkte Konkurrenz zu eben diesen Honorarberatern begibt, selbst jedoch nicht bereit ist, die gleichen Kriterien zu erfüllen?

Das Thema „Anlageberater versus Verbraucherzentralen" könnte Inhalt eines eigenen Buches sein. Aus welchem Grund auch immer werden von Seiten der Verbraucherzentralen die alten Denkmuster gepflegt, nach denen ein Versicherungsvermittler oder Anlageberater pauschal fachlich wenig versiert ist, das Interesse der Kunden ignoriert und nur seinem eigenen Provisionsinteresse folgend Handlungen vornimmt. Die geänderte Gesetzeslage, nach der die Berater heute einen positiven Leumund haben müssen, eine fachliche Qualifikation vorzuweisen haben, doppelt von Seiten der Wirtschaftsprüfer und den Industrie- und Handelskammern überprüft werden, sie zum Schutze der Kunden gegen Falschberatung eine Versicherung abschließen müssen und ihre Einkünfte offenzulegen haben – all dies hat bislang weder die Glaubenssätze noch die Aussagen der Verbraucherschützer verändert. Der Gesetzgeber hat viel getan, bei den Verbraucherzentralen oder der Stiftung Warentest hat dies aber noch nicht zu einer Veränderung der Wahrnehmung geführt. Mal schauen, wie lange sie dazu brauchen werden.

Ein weiterer Glaubenssatz lautet, dass die Berater dem Kunden immer nur das Produkt anbieten, an dem erstere am meisten verdienen. Es mag sein, dass es diese Fälle gibt. Und wahrscheinlich gibt es diese Fälle eher bei Neulingen als bei erfahrenen Kollegen. Warum sollte ein Berater, der einen Kunden über viele Jahre betreut und von diesen immer wieder an Dritte weiterempfohlen wird, so töricht sein, seinem Kunden für einen schnellen Abschluss sehenden Auges etwas Schlechtes anzubieten? Es ist ja nicht so, dass man mit einem Abschluss Millionen verdienen würde, um sich dann in die Karibik absetzen zu können.

Es mag sein, dass ich an dieser Stelle befangen bin, schließlich verdienen auch wir in unserer Firma mit der Vermittlung von Geldanlagen unser Geld. Mir persönlich wäre ein Verbot von Provisionen auch gleichgültig. Ob ich für die Vermittlung von einer Kapitalanlagegesellschaft beispielsweise 1000 Euro Provision bekomme oder meinem Kunden diese 1000 Euro als Honorar in Rechnung stelle, würde für mich persönlich gar keinen Unterschied machen. Meine persönliche Erfahrung aus über 25 Jahren in der Anlageberatung ist Folgende: Wenn Berater ein schlechtes statt eines besseren Produktes vermittelt haben, dann lag es daran, dass sie es nicht besser wussten (fachliche Qualifikation) oder sie aber an Konzernvorgaben gebunden waren (fehlende Unabhängigkeit).

Lassen Sie uns die Frage anders herum stellen: Würde ein gesetzliches Verbot von Provisionen und die Umkehr hin zu reiner Honorarberatung am Ende zu besseren Anlage-Entscheidungen führen? Würden Berater ein besseres Produkt für Ihre Kunden finden? Ich glaube nicht. Woher sollten denn plötzlich all die guten Empfehlungen kommen? Wenn jemand als unabhängiger Vermittler gegen Provisionen keine guten Anlagen findet, warum sollte er sie plötzlich entdecken, nur weil er sein Geld als Honorar vom Kunden statt von der Bank als Provision erhält?

Eine Beratung gegen Honorar bemisst sich nach einer Pauschale oder nach zeitlichem Aufwand. Führt eine Honorarberatung vielleicht dazu, dass der Berater Sie relativ schnell abfertigt (bei Bezahlung einer Pauschale) oder sich einfach länger als nötig Zeit lässt (bei Bezahlung mittels Stundenhonorar)? Wenn Sie mit der Beratung oder dem Berater nicht zufrieden sind, dann suchen Sie einen zweiten Berater auf, den Sie ebenfalls bezahlen müssen. Sie sehen, es gibt immer Vor- und Nachteile.

Mit dem für mich entscheidenden Aspekt möchte ich diesen Abschnitt beenden: Der Erfolgshonorierung. Meine Erfahrung sagt mir, dass Kunden kein Problem damit haben, für eine Leistung zu zahlen, wenn sie wirklich davon profitieren und einen Mehrwert erhalten. Dagegen sind viele skeptisch, vorab für eine Leistung zu bezahlen, ohne zu wissen, was sie ihnen bringt.

Aus diesem Grund haben wir zum Beispiel vor vielen Jahren begonnen, uns nach dem Erfolg unserer Anlagen bezahlen zu lassen. Läuft es gut, verdienen wir und der Kunde Geld. Läuft es weniger gut, verdienen wir weniger. Das spornt uns ungemein an und lässt die Kunden sehr entspannt sein, denn so ziehen alle Beteiligten an einem Strang. Bei einer Bezahlung nach Zeit ist die Motivation auf jeden Fall eine andere.

Zum Schluss sei gesagt, dass es sicher sehr gute Honorarberater wie auch unabhängige Finanzberater gibt. Und mit Sicherheit sind auch viele Angestellte der Verbraucherzentralen sehr engagiert, um für ihre Mandanten etwas Gutes zu tun. Es sind am Ende eben doch die Menschen, die zählen. Ob diese wirklich qualifiziert sind und mit Leidenschaft und hoher Motivation für ihre Mandanten und Kunden tätig sind, das ist der entscheidende Faktor. Die Form der Bezahlung wird auch künftig nicht über die Qualität und die Ergebnisse von Geldanlagen entscheiden. Man darf gespannt sein, wann dieser Gedanke bei den Verbraucherzentralen angekommen sein wird.

30. Immobilien als Kapitalanlage

Eine Immobilie als Kapitalanlage zu erwerben, ist eine der ältesten und somit konservativsten Anlagen überhaupt. Anders als bei anderen Geldanlagen besteht hier nicht die Gefahr, dass das Kapital plötzlich verloren ist. Zwar kann sich der Wert negativ verändern, aber einen vollständigen Verlust wird es nicht geben.

Die Herausforderung beim Thema „Immobilie" ist es zu erkennen, warum es Millionen von Menschen gibt, die mit Immobilien reich oder zumindest wohlhabend geworden sind und warum andere damit Stress haben und Geld verlieren.

Nach vielen Jahren der Recherche bei erfolgreichen Investoren und weniger erfolgreichen sind offenbar drei Dinge entscheidend, die den Unterschied machen:

1. Der Preis,
2. die Sanierungskosten und
3. die Verwaltung.

Da ist zum Ersten der Preis einer Immobilie. Das Risiko, dass Sie eine Immobilie für einen überhöhten Preis kaufen, ist heute sicher geringer als noch vor wenigen Jahren, aber immer noch vorhanden. Wenn früher große Vertriebsstrukturen von Finanzvertrieben Immobilienbestände mit hunderten von Wohnungen kauften, dann wurden dort oft Margen von 20 bis 30 Prozent für den Vertrieb draufgeschlagen. Die Kunden, die einige Jahre später die Wohnungen wieder zu verkaufen versuchten, hatten dann den Schaden, selbst wenn die Wohnung weiterhin vermietet war. Natürlich wurden auch viele gute Objekte verkauft, die später mit Gewinn veräußert wurden, aber eben leider nicht immer.

Der zweite Punkt betrifft die Kosten für die Sanierung einer Immobilie. Es ist schon sehr erstaunlich: Viele der Anlageobjekte wurden nicht etwa von Kunden gekauft, weil diese die Immobilie als Altersvorsorge ansahen, sondern ihnen wurde eine Wohnung verkauft. Die Kunden hatten selbst gar keinen Kaufwunsch und so haben sie sich nie mit dem Thema, den Chancen und Risiken jemals aktiv auseinander gesetzt. Man hatte ihnen diese Wohnung als eine Art Sparplan verkauft. Das sah dann wie folgt aus: Sie kauften beispielsweise eine Wohnung für 100.000 Euro, dafür zahlten Sie 350 Euro Zinsen und 70 Euro Tilgung. Diese Kosten von 420 Euro wurden durch die Miete von 400 Euro fast vollständig gedeckt und sie mussten auch nach Verwaltungskosten und Instandhaltung nur eine Zuzahlung von nicht mal 100 Euro leisten.

Das konnten sich auch viele Kunden leisten, die eigentlich keine klassischen Kapitalanleger sind. Diese kauften die Wohnungen tatsächlich nach der Beispielrechnung. Sie setzten sich weder mit dem Darlehensvertrag noch mit dem eigentlichen Objekt auseinander. Sie dachten, sie hätten jetzt so eine Art Immobiliensparplan abgeschlossen. Jahre später wurde dann auf der Eigentümerversammlung festgestellt, dass z. B. das Dach erneuert werden müsse und jeder Eigentümer hierfür 5000 Euro Sonderumlage erbringen solle. Das war dann ein Schock.

Keiner dieser Kunden machte sich Gedanken darüber, wie das Dach, das 45 Jahre alt war, ersetzt werden würde. Oder die Heizung, oder die neuen Fenster – oder woher das Geld für die Wohnungssanierung käme, wenn der Mieter nach 25 Jahren ausziehen würde.

Noch nie habe ich einen Kunden erlebt, der ein Haus für den Eigengebrauch kauft und sich über das Alter von dessen Heizung, der Fenster oder ähnlicher teurer Investitionen nicht im Klaren ist. Jeder, der ein Haus für sich selbst erwirbt, der weiß das ganz genau.

Viele, die eine Immobilie als reine Kapitalanlage gekauft haben, wussten das schlichtweg nicht. Man sollte sehr genau wissen, was man tut. Wenn man das jedoch alles in seiner Investitionsplanung berücksichtigt, kommen auch keine unerwarteten Kosten auf einen zu. Dann ist die Immobilie keine gefährliche, sondern die solide und konservative Anlage, wie sie schon seit Generationen funktioniert.

Der dritte und vielleicht wichtigste Punkt ist die Verwaltung. Wir haben es selbst immer und immer wieder erlebt oder sehen dies –, wie Sie vielleicht auch – manchmal am Sonntagabend auf RTL2 oder VOX im Fernsehen. Da wird zum Beispiel ein Paar gezeigt, das das Haus der Großmutter geerbt hat und dies zur Aufbesserung seiner Rente vermietet. Und wie es dann so kommt, zahlt der Mieter nicht, verwüstet die Wohnung und Monate oder Jahre später dürfen die Vermieter ihre schrecklichen Erlebnisse vor der Fernsehkamera präsentieren.

In Summe muss man feststellen, dass diese Schäden in der Regel entstehen, wenn man selbst versucht, die Dinge zu regeln, anstatt sie einem Profi zu überlassen. Genauso, wie Sie heute ihr modernes Auto nicht mehr selbst reparieren, sollten Sie es auch unterlassen, ihre Wohnung selbst zu verwalten. Die Aufgaben sind aufgrund der modernen Rechtsprechung so umfangreich, dass man dem ohne Ausbildung nicht nachkommen kann. Denken Sie alleine an die Nebenkostenabrechnung und die Frage, was sie mit welchem Schlüssel abrechnen dürfen und was nicht.

Beachtet man hingegen diese drei einfachen Grundregeln, kann man mit einer Immobilie als Kapitalanlage sehr viel Spaß und Freude haben. Denn darum soll es ja schließlich gehen: Die Immobilie soll einem Freude machen beim Aufbau der eigenen Altersvorsorge.

31. Das Finanzamt – die Suche nach Steuerspar-Objekten

Früher, in der guten alten Zeit, da gab es sie noch: Die Steuerspar-Objekte. In den 1970er- Jahren die Bauherrenmodelle für gut verdienende Zahnärzte, in den 1980er-Jahren die Beteiligungen mit Verlustzuweisungen von über 200 Prozent oder in den 1990er-Jahren die überaus beliebten Ost-Immobilien, von denen viele später zu den berüchtigten Schrott-Immobilien wurden.

Eines haben die meisten dieser Steuersparmodelle miteinander gemein: Sie waren Schrott und haben dazu geführt, dass viele Menschen Geld verloren haben. So haben sie zwar Steuern erspart, aber am Ende meistens noch mehr Kapital gekostet. Woran lag das?

„Gier frisst Hirn" ist eine allseits beliebte Floskel, die an dieser Stelle schnell hervorgeholt wird. Das ist nur zum Teil richtig, denn viele haben ja nicht in einer ungeheuren Rendite-Erwartung die Anlagen getätigt, sondern nur unter der Maßgabe, Steuern zu sparen – und waren wohl insgeheim davon ausgegangen, dass zumindest das Kapital erhalten bliebe.

Nun ist das Steuersparen eine ganz besondere Form deutscher Freizeitbeschäftigung und die Chancen für Berater, bei diesem Thema einen interessierten Kunden zu gewinnen, waren in den vergangenen Jahrzehnten sehr hoch. Die Zeiten haben sich geändert. Heute verdrehen die meisten Kunden dabei eher die Augen. Aber das muss gar nicht so sein.

Heutzutage gibt es nur noch sehr wenige Möglichkeiten, die wirklich einen Vorteil bringen. Da sind, wie in diesem Buch schon beschrieben, die Basis- beziehungsweise Rürup-Rente oder die

Denkmalschutz-Immobilie. Mit Riester sparen Sie im Verhältnis nur sehr wenig, in der betrieblichen Altersvorsorge kann man steuerlich mehr bewirken. Aber es gibt auch noch andere Möglichkeiten. So kann man etwa bei der Investition in eine Solaranlage bis zu 40 Prozent der Investitionssumme sofort geltend machen, noch bevor man die Anlage überhaupt gekauft hat. Hier sind bei größeren Anlagen also noch Steuern in fünfstelliger Höhe einzusparen.

Der Grund hierfür ist, dass Einkünfte aus Solaranlagen gewerbliche Einkünfte sind, sodass man die gleichen Abschreibungen wie jeder Unternehmer nutzen kann. Und hier schließt sich wieder der Kreis. Man muss heute tatsächlich real investieren und nicht einfach nur sparen. Wenn Sie das tun, dann erzielen Sie auch heute noch Steuervorteile mit Ihren Geldanlagen. Auch wenn es deutlich weniger geworden ist, so sind aber die Möglichkeiten, die Sie heute haben, in der Regel besser und sicherer als jedes Steuersparmodell der vergangenen Jahrzehnte.

Und am Ende sollten Sie immer an eines denken: Wenn Sie einmal 100.000 Euro Steuern zahlen, dann wissen Sie, dass Sie mindestens 200.000 Euro verdient haben. Und wenn Sie jedes Jahr 50 Prozent mehr Steuern zahlen würden, dann hätten Sie wahrscheinlich weniger ein Steuerproblem als ein Ausgabenproblem, weil Ihnen bald nichts mehr einfiele, was Sie nun noch kaufen wollten. Es gibt wirklich größere Probleme im Leben, als zu viele Steuern zu zahlen.

Das Phänomen des Sparenmüssens folgt nämlich erst dann, wenn man einige Zeit mit den gleichen Einkünften lebt. Erst dann gewöhnt man sich an die Höhe und an die damit verbundenen Ausgaben. Und erst wenn die Einnahmen eine Weile lang gleich hoch sind, erst dann sucht man nach einer Entwicklung. Soweit diese nicht mehr in der Steigerung der Einkünfte erfolgt, fängt man an, die Ausgaben zu betrachten und kommt so auf die Steuern, die man dann zu vermeiden versucht.

Unser Altbundeskanzler Helmut Schmidt hat einmal gesagt: „Wer die Pflicht hat, Steuern zu zahlen, der hat auch das Recht, Steuern zu sparen." Es ist somit nicht verwerflich, seine Steuerlast zu kontrollieren und bei Bedarf zu senken. Das ist das Recht eines jeden, der in diesem Land Steuern zahlt. Suchen Sie sich nur bitte sinnvolle Anlageformen, die Ihren Schwerpunkt in der Mehrung Ihres Vermögens sehen anstatt in der Steuervermeidung. Die Senkung der Steuerlast sollte immer nur das Bonbon auf einer Anlageform sein, niemals sein Grundmotiv.

32. Ethik und Moral

Es mag ungewöhnlich sein, in einem solchen Buch über Ethik und Moral zu sprechen, aber in der heutigen Zeit ist dies wichtiger denn je.

In Wikipedia finden Sie unter „Ethik in der Geldanlage" nur Hinweise zu ethischen Geldanlagen und Geldinstituten wie der GLS, Umweltbank oder Ethikbank, die hauptsächlich Geldanlagen aus dem Bereich Ökologie anbieten oder finanzieren. Ausschlusskriterien sind dabei Anlagen oder Firmen, die sich mit Waffen, Kinderarbeit oder Pornographie beschäftigen, beziehungsweise deren Tätigkeit in Ländern stattfindet, die Menschenrechte missachten und/oder noch die Todesstrafe vollziehen.

Unser Blick hier sollte darüber hinausgehen. Es geht um die Frage des Umgangs der Menschen miteinander. Was nützt einem denn eine Geldanlage unter einem ökologischen Aspekt, wenn der Anspruch, mit dem die handelnden Personen tätig sind, nicht den eigenen moralischen und ethischen Aspekten genügt? Was tun Sie, wenn Sie heute Menschen treffen, denen Sie nicht trauen, weil Sie instinktiv spüren, dass diese es nicht gut mit Ihnen meinen. Wenn sie nur eigene Interessen verfolgen? Wollen Sie bei solchen Menschen Kunde sein?

Nehmen wir zwei Beispiele aus Schleswig-Holstein. Da gab es etwa eine Firma namens Deutsche Umweltberatung aus Lübeck. Schon der Firmenname klang toll und versprach tolle ökologische Anlagen. Die Firma verkaufte Solaranlagen an Kunden in der Form einer Bürger-Solaranlage. So konnte man auch als Kleinanleger ein Teil einer großen Gemeinschaft sein. Allerdings zahlten die Kunden deutlich überhöhte Preise für ihre Solaranlagen. Die Geschäftsführung nutzte dies für einen ausschweifenden Lebensstil. Am Ende des Tages war dieser dann wie so oft derart übertrieben, dass auch diese Firma mittlerweile insolvent ist. Auch Prokon (s. Punkt 26, „Genussrechte") warb mit der Ökologie seiner Produkte, stellte diese jedoch sachlich falsch dar, was der Firma eine Abmahnung der Verbraucherzentrale einbrachte. Es nützt leider nur wenig, wenn nur die Hülle einen ökologischen Anstrich bekommt und die Menschen dieses nicht wirklich leben und nicht hinter diesem Konzept stehen. Am Ende wird dann für niemanden hieraus eine nachhaltige Wertschöpfung erzielt.

Es sind immer die Menschen, die entscheiden, ob etwas wirklich ethisch und moralisch wertvoll ist. Und solange dieses Bewusstsein insbesondere bei Banken nicht auf allen Ebenen angekommen ist, solange werden die Kunden auch nicht das Gefühl bekommen, hier bei einem ethisch einwandfreien Unternehmen Kunde zu sein.

Sollte aber nicht gerade die Geldanlage auch ethischen und moralischen Grundsätzen entsprechen? Wünschenswert wäre es allemal. Nur – wie sieht die Realität aus? Wie werden Mitarbeiter bewertet und wie geführt, um derart agieren zu können? Innerhalb einer Bank oder auch bei Versicherungsvertretern zählt als Erstes immer noch das Ergebnis im Sinne von „Wie viel bringt dieser Geschäftsabschluss?". Dabei sollte die erste Frage besser lauten: „Wie weit konnten wir diesem Kunden helfen, dass es ihm künftig besser geht?"

Wenn es um Menschen geht, dann stehen deren Wünsche, Sorgen, Nöte im Vordergrund und ihr Bedarf. Es geht darum, welchen Nutzen eine Beratung schafft. Früher benötigten Sie eine Bankfiliale, um beispielsweise eine Aktie zu kaufen oder um ein Konto zu eröffnen. Heute geht das online – schneller und günstiger.

Ein Beratungsgespräch hat heute also eine ganz andere Funktion als früher. Ging es zunächst darum, etwas zu beschaffen – zum Beispiel eine Aktie –, so ist dies heute nicht mehr notwendig. Heute geht es um Fragen wie: „Welche Aktie sollte ich kaufen? Oder sollte ich besser die Finger davon lassen und stattdessen eine Festzinsanlage wählen? Oder sollte ich doch eher meine Darlehen für das Haus zurückzahlen?"

Und wenn der Berater bei der Sparkasse kein echtes Interesse an der Situation seiner Kunden hat, weil ihm seine Chefs mit Vorgaben zum Produktverkauf im Nacken sitzen, dann ist der Kunde am Ende der Leidtragende. In den vergangenen Jahren haben wir immer wieder erlebt, wie junge Berater mit großem Engagement, Ideen und Wünschen im Vertrieb angefangen haben und sich einige Jahre später dem Establishment angepasst haben oder sogar Teil desselben wurden. Es ist extrem schwer, seine eigene Identität zu erhalten und sich gleichzeitig den Wünschen seiner Kunden zu widmen, wenn man von dritter Seite Vorgaben zu erfüllen hat, die den eigenen Ideen und den Zielen der Kunden zumeist entgegenstehen.

Ethik und Moral braucht es natürlich nicht nur in der Finanzberatung, dass gilt für alle Lebensbereiche. Der Unterschied ist nur: Wenn Ihnen jemand einen „falschen" Fernseher verkauft, können Sie zumeist trotzdem fernsehen und haben vielleicht 500 Euro oder 1000 Euro zu viel ausgegeben. Wenn Sie bei der Planung Ihrer Altersvorsorge jedoch 300 Euro monatlich sparen und Ihnen wegen zu geringer Erträge am Ende 100.000 Euro fehlen, dann ist dies bis zum Renteneintritt nur noch schwer auszugleichen. Leider gibt es keine Möglichkeit, um Mitarbeitern Werte wie Ethik und Moral in den Arbeitsvertrag zu schreiben. Deshalb bleibt es die Aufgabe der Kunden, sich jeweils die Menschen sehr genau anzuschauen, mit denen sie zusammenarbeiten wollen, und sich nicht nur vom Image eines Unternehmens blenden zu lassen. Nehmen Sie sich Zeit, um mit dem Berater zu sprechen. Fragen Sie ihn, nach welchen Kriterien und Maßgaben er Produkte auswählt. Lassen Sie sich erklären, warum ein Produkt ausgewählt wurde und warum ein anderes nicht. Fragen Sie ruhig auch, ob er für sich selbst die gleichen Produkte nutzt, die er ihnen anbietet. Sie werden sehr schnell ein Gefühl dafür entwickeln, wie tief der Berater in der Materie steckt und ob er mit der Moral an seine Arbeit geht, die Sie von ihm erwarten. Denn Ethik und Moral lassen sich leider auch mit großer Finanzkraft nicht erkaufen.

33. Finanzberater 3.0

Umso wichtiger sind zwei Aspekte: Die Ausbildung und stetige Weiterbildung der Berater kann gar nicht gut und umfangreich genug sein. Auch das muss als eigener moralischer Anspruch schon von Seiten der Berater erkannt werden, völlig unabhängig davon, ob die Firma diese Weiterbildung anordnet oder bezahlt. Jeder muss sich selbst um seine eigene Kompetenz kümmern. Wie oft haben wir schon von Mitarbeitern der Banken und Sparkassen gehört „Die Firma bietet gerade nichts an" oder „Die Seminare sind immer nur am Wochenende, da geh ich doch nicht hin". Wie weit kann es dann mit dem persönlichen Engagement und dem ethischen Anspruch des Mitarbeiters her sein? Werden ausgerechnet diese Mitarbeiter es sein, die die Wünsche des Kunden im Zweifel auch gegen die Interessen des Unternehmens durchsetzen können? Wer sein eigenes Fortkommen schon nach seiner Bequemlichkeit einstuft, der kann doch kaum ehrlich für seine Kunden kämpfen, oder?

Zum Zweiten sollten Berater, wenn sie denn diese Ansprüche erfüllen, viel höher angesehen werden. Auch dafür sind sie in erster Linie selbst verantwortlich, aber eine veränderte öffentliche Wahrnehmung durch eine andere Presseberichterstattung würde sicherlich helfen. Denn die neuen Berater tragen eine ungeheure Verantwortung. Sie sind nicht mehr nur Produktverkäufer, sondern sie sorgen für den Lebensunterhalt von Generationen. Sie sorgen dafür, dass die Kinder später studieren können, die Eltern als Rentner eine auskömmliche Versorgung haben und die Älteren ihre Ersparnisse sinnvoll anlegen, um so ein Leben lang davon zehren zu können.

Stattdessen haben manche Finanzberater heute einen Status und ein Ansehen, welches noch hinter dem von Gebrauchtwagenhändlern liegt. Dies wird ihrer Aufgabe bei weitem nicht gerecht. Viele von ihnen sind aber auch selbst schuld, haben sie doch in der Vergangenheit tatsächlich nur Produkte zu ihrem eigenen Nutzen verkauft, entweder wegen hoher Provisionen oder den Vorgaben ihrer Organisation.

Der zukünftige deutsche Finanzberater 3.0 wird – ähnlich wie es heute in England schon der Fall ist – zu einem echten Vorsorge- und Investitionsplaner. Er muss nicht nur die Versorgung der Familie gegen allgemeine Gefahren absichern, sondern kurzfristiges Sparen, die Altersvorsorge und später auch die erbschaftsrechtlichen Regelungen beachten, damit das Vermögen wie gewünscht ohne Abzüge in der nächsten Generation ankommt.

Die Qualifikation liegt auf einer Höhe mit jener der Anwälte und Steuerberater und dementsprechend sollte das Ansehen sein. Denn das sind die drei Beraterberufe, die jede Familie und jedes Unternehmen zwingend benötigt, um dauerhaft erfolgreich am Markt tätig sein zu können. Ihre Finanzen müssen sauber geplant, die Steuern ordentlich abgeführt und ihre Verträge müssen korrekt und rechtswirksam geschlossen werden. Die Engländer, die in Sachen Finanzen immer schon eine Vorreiterrolle in Europa hatten, haben genau diesen Status Quo erreicht. Das wird auch hier die Zukunft sein.

Während wir in der Vergangenheit arrogante Bankmitarbeiter und schleimige Versicherungsvertreter erleben mussten, wird der neue Finanzberater 3.0 ein Ansprechpartner auf Augenhöhe sein. Einer, mit dem man sich gern austauscht, weil er einem nichts mehr andrehen will, sondern mit dem Kunden gemeinsam einen strategischen Plan entwickelt und diesen dauerhaft umsetzt. Er kennt die Lücken und die Lösungen, weiß, wo es die besten Konditionen gibt und wie man am günstigsten finanziert.

Es ist auch aus einem anderen Grund eine sinnvolle Entwicklung: So zu arbeiten wird für viele erstklassig ausgebildete junge Menschen eine interessante Aufgabe sein. Hier können sie sich entwickeln, eine wirklich sinnvolle Aufgabe erfüllen und trotzdem gutes Geld verdienen. War bislang der Markt insbesondere der Versicherungsvermittler eher von, boshaft gesprochen, „gescheiterten Existenzen" durchsetzt, so wird sich dies in Zukunft massiv ändern. Sprüche wie „Wer nichts wird, wird Wirt – und wer auch das nicht kann, macht in Versicherungen" zeigen deutlich, wie das aktuelle Bild von Versicherungsvermittlern aussieht. Wollen Sie tatsächlich beim Abschluss Ihrer Gebäudeversicherung jemandem den größten Wert anvertrauen, den Sie besitzen, von dem Sie ein solches Bild haben?

Wahrscheinlich nicht, deswegen muss und wird sich das Bild massiv verändern. Der Gesetzgeber hat einen Anfang gemacht, seit er 2008 die Versicherungsvermittler dazu gezwungen hat, eine Qualifikation abzulegen, genauso, wie es später auch für die Finanzanlagenvermittler zur Pflicht wurde. Im kommenden oder darauffolgenden Jahr wird es damit weitergehen, dass auch diejenigen, die Baufinanzierungen vermitteln, und die Immobilienmakler eine separate Qualifikation nachweisen müssen. Freiwillige Maßnahmen wie die Aktion „Gut beraten" sorgen zudem dafür, dass es nicht bei einer einmaligen Schulung bleibt, sondern dass alle sich ab sofort dauerhaft weiterbilden werden und dies nachzuweisen haben. Somit ist sichergestellt, dass der gesamte Markt tatsächlich dauerhaft immer besser und besser wird.

Mit dem Ansehen in der Bevölkerung wird auch die Aufgabe des Finanzberaters attraktiver, denn gerade junge Leute wollen in einer Branche arbeiten, die „in" ist. Sie gehen heute lieber zu Porsche, in eine Werbeagentur oder in ein Medienhaus, als dass sie Versicherungsvermittler oder Anlageberater werden. Verändert sich jedoch der Markt wie oben beschrieben, brauchen wir dringend die besten Leute mit einer Top-Ausbildung. Denn wer, wenn nicht die Besten, soll Vertragsbedingungen prüfen, Strategiekonzepte entwerfen, Finanzplanungen erstellen und Verhandlungen mit Versicherungen, Banken und Kapitalanlagegesellschaften für Sie führen?

Wer einmal seinen persönlichen Finanzberater gefunden hat, der genau diese oben beschriebenen Kriterien erfüllt, der wird diesen tendenziell ein Leben lang behalten und diesen an gute Freunde weiterempfehlen. Das ist für beide Parteien eine sinnvolle und gewinnbringende Partnerschaft. Sie ist gekennzeichnet von Vertrauen, ehrlichen Empfehlungen und stabilen Werten. Man geht offen und loyal miteinander um, egal, ob man sich geschäftlich verabredet oder privat auf der Straße trifft.

Resümee

Was ist nun das Fazit dieses kleinen Ratgebers? Sie haben jetzt viel gelesen, haben hoffentlich eine Reihe neuer Ideen und Vorstellungen bekommen, was mit Ihrem Geld passiert.

Zunächst einmal lautet eines der wichtigsten Wörter, wenn es um Ihr Geld geht:

„Verantwortung".

Sie müssen Verantwortung für Ihr Geld übernehmen. Wenn Sie das tun und sich aktiv darum kümmern, dann ist der halbe Weg schon geschafft. Wenn Sie das nicht tun und die Verantwortung einfach nur abgeben, dann bedeutet das, dass andere die Verantwortung für Ihr Geld übernehmen. Welcher dritten fremden Person würden Sie glauben, dass diese in einem solchen Fall ausschließlich Ihre Interessen wahrnimmt und nicht auch nach eigenen Interessen handelt?

Sie können und dürfen nie davon ausgehen, dass ein Banker als Angestellter der Bank oder Sparkasse sich statt um seinen Arbeitgeber nur um Sie kümmert. Sie sollten – genauso wie bei einem freien Berater oder in Versicherungsfragen bei einem Versicherungsvertreter oder Makler – überprüfen, wo Ihre Interessen und wo die Interessen des Beraters liegen? Fragen Sie diese Personen einfach danach. Wer Ihnen hier keine offene und ehrliche Antwort gibt, mit dem sollten Sie ohnehin keine Geschäfte machen. Aussagen wie „Das kostet Sie gar nichts" stammen aus dem vergangenen Jahrhundert – hier sollten Sie schleunigst die Flucht ergreifen.

Beratung kostet Geld und gute Beratung kostet manchmal auch mehr Geld. Aber *keine* Beratung kostet meistens noch mehr Geld. Mit dem

Unterschied, dass man das anfangs nicht sehen kann. Das merken Sie erst, wenn die Versicherung nicht zahlt, obwohl Sie dachten, gegen ein Ereignis versichert zu sein. Oder wenn sich die Geldanlage, die Sie günstig mit 90 Prozent Rabatt auf den Ausgabe-Aufschlag bekommen haben, in den letzten drei Monaten halbiert hat.

Es gibt wirklich viele exzellente Berater in Deutschland, die sich mit viel Erfahrung und einer guten Ausbildung, mit viel ethischem Anspruch sehr engagiert um ihre Kunden kümmern. Finden Sie diese! Wenn Sie einen Tipp haben wollen, schicken Sie mir eine E-Mail, dann erhalten Sie eine Empfehlung, meist für einen Berater aus ihrer Umgebung.

Achten Sie darauf, dass die Beziehung zu den Menschen passt. Das ist nicht immer möglich, gerade in großen Unternehmen kann sich nicht jeder Mitarbeiter seine Kunden aussuchen. Aber in der Regel kann sich der Kunde den Mitarbeiter oder das Unternehmen aussuchen, bei dem er Kunde sein möchte. Warum nutzen das so wenige? Immer wieder treffen wir Menschen, die uns mitteilen, dass ihr Berater sie nicht versteht. Oder dass sie glauben, dass sie bei der falschen Bank sind. Aber warum gehen sie nicht einfach? Es gibt über 2000 Banken in Deutschland. Werden Sie aktiv. Gehen Sie raus und suchen Sie sich *Ihren* Berater, der zu Ihnen passt. Auch das gehört zur Verantwortung.

Denn gerade in Banken dürfen die Berater sich ihre Kunden nicht aussuchen. Es liegt somit in der Verantwortung der Kunden, sich die Berater zu suchen, die sie mögen. Dies ist eine sehr einfache Möglichkeit, um bessere Ergebnisse zu erzielen.

Ich möchte Sie dazu ermutigen, genau das zu tun. Wenn jeder nur mit den Menschen zusammenarbeitet, die er mag, und die zu ihm passen, dann arbeiten auch nur noch Berater für Menschen, die zu ihnen passen. Dann mögen sich diese beiden Personen – und das führt wiederum dazu, dass die Ergebnisse automatisch besser werden. Denn mal ehrlich: Würden Sie jemandem etwas Schlechtes empfehlen, den Sie wirklich mögen? Und genauso ergeht es dem Berater auch.

Auf der anderen Seite müssen Sie Verantwortung übernehmen für die Anlagen und Produkte, die Sie kaufen. Verabschieden Sie sich von dem Gedanken, einfach irgendwo Geld einzuzahlen, das Sie später mit Zinsen wieder zurückerhalten. Sie müssen sich darum kümmern. Sie sollten wissen, was Sie da tun. Und Sie sollten es verstehen. Zumindest die Grundzüge.

„Investieren statt sparen" lautet hier die Devise. Die Deutschen sind Weltmeister im Sparen und gleichzeitig schlecht im Investieren. Die Aktienquote ist nur ein Bruchteil so hoch wie in anderen westlichen Ländern. Die Anzahl der Unternehmer ist gering und Sprichwörter wie „Lieber den Spatz in der Hand als die Taube auf dem Dach" werden auch in der Geldanlage praktiziert. Während die Sparquote weiter steigt, sinken die Investitionen in Deutschland. Andersherum würde es Sinn ergeben.

Dies ist kein Plädoyer für riskante Anlageformen. Aber es gibt einen Unterschied zwischen seriösen Anlagen mit ordentlichen Zinsen und den aktuellen Niedrigzinsangeboten der deutschen Banken und Sparkassen. Wer sagt denn, dass die mit den niedrigsten Zinsen seriös sein müssen? Genauso wenig, wie die mit den billigsten Preisen nicht unbedingt die besten Angebote haben. Wer zu billig kauft, kauft häufig doppelt.

Aber die Geldanlage muss sich auch lohnen. Sie haben die Beispiele beim Thema Inflation gesehen. Wer heute 60 Jahre alt ist, der hat womöglich noch 30 Jahre vor sich und muss von seinen Erträgen leben können. Wenn die Zinsen nun von früher 4 Prozent auf heute 0,5 Prozent gesunken sind, dann bedeutet das umgerechnet, Sie müssen acht Mal so viel Geld haben, um von den Zinsen leben zu können. Wer früher 1 Mio. Euro besaß, hatte Zinseinnahmen von 2450 Euro netto monatlich. Heute braucht der gleiche Kunde 8 Mio Euro an Vermögen. Oder er hat statt 2450 Euro monatlich nur noch 306 Euro an Rente im Monat. So viel Geld kann niemand mehr ansparen, um das auszugleichen.

Aus diesem Grund haben Sie, ehrlich gesagt, gar keine andere Chance, als sich um gute Geldanlagen zu kümmern. Sie müssen dauerhaft ordentliche Zinseinnahmen erzielen, wenn Sie später einmal von den Erträgen leben wollen. Und das ist, wie beschrieben, auch heute noch möglich. Aber eben nur mit einem Plan, nur mit klaren Vorstellungen und nur mit der Entscheidung für Geldanlagen, die Ihnen nachvollziehbar gute Erträge liefern.

Der eine oder andere von Ihnen muss dazu vielleicht auch mal über seinen Schatten springen und alte Vorstellungen von Einlagensicherungsfonds und „Meine Eltern waren auch schon immer bei dieser Bank" über Bord werfen. Die Gedanken, die Sie an den heutigen Punkt gebracht haben, bringen Sie eben nur bis hierher und nicht weiter. Sie müssen – und wir alle sind davon betroffen – neue Wege gehen, um andere und bessere Ergebnisse zu erzielen. Und diese anderen Ergebnisse sind unglaublich wichtig.

Die staatliche Rente wird –, gleichgültig, mit wie vielen weiteren Reformen – nicht genügen, um die heute arbeitende Bevölkerung auskömmlich zu ernähren. Alte Formen der Altersvorsorge, wie sie unsere Eltern und Großeltern betrieben haben, reichen nicht aus. Daneben ist die Planung in Sachen Erbschaft oder Pflegebedürftigkeit der Eltern ein völlig neues Feld, mit dem sich die heutige Generation 40+ zu beschäftigen hat.

Jede Zeit hat eben ihre Herausforderungen. Noch nie war es so schwer, Geld richtig und sinnvoll anzulegen, weil die etablierten Formen nicht mehr existieren oder keinen Ertrag mehr abwerfen. Und gleichzeitig gab es wohl kaum eine Zeit mit so vielen – im Verhältnis zum Durchschnitt – so wunderbaren Anlageformen, die die ganzen Kinderkrankheiten früherer Jahre hinter sich gelassen haben und heute für die Kunden stabile und nachvollziehbar gute Erträge bringen.

Seien Sie offen und wachsam, suchen Sie sich Ihren ganz persönlichen Berater, mit dem Sie in den kommenden zehn oder zwanzig Jahren gemeinsam ein Vermögen aufbauen wollen. Lassen Sie sich Empfehlungen geben, sprechen Sie im Zweifel mit Menschen, die bei diesem Berater schon länger Kunden sind, und prüfen Sie Ihren Berater auf Herz und Nieren.

Es ist Ihr Geld und Sie sollten der Chefentscheider sein. Trauen Sie sich das zu. Ihr Geld wird es Ihnen danken.

Herzlichst

Ihr Norman Argubi

Haben Sie Fragen, Wünsche oder Anregungen zu diesem Buch? Schreiben Sie mir gerne unter dem Stichwort „33 Geheimnisse".

Wie haben für Sie eine spezielle Website zu diesem Buch kreiert. Sie finden Sie unter der Adresse:

Web: www.33Geheimnisse.de
Email: kontakt@33Geheimnisse.de